劉玖香著

文學叢刊

親情融融兩相惜

文史哲出版社印行

國家圖書館出版品預行編目資料

親情融融兩相惜 / 劉玖香著 . -- 初版 -- 臺北
市：文史哲，民 108.05
頁；　公分（文學叢刊；408）
ISBN 978-986-314-474-8（平裝）

863.55　　　　10809452

文　學　叢　刊　408

親情融融兩相惜

著　　者：劉　玖　香
出 版 者：文　史　哲　出　版　社
http:// www.lapen.com.tw
e-mail：lapen@ms74.hinet.net
登記證字號：行政院新聞局版臺業字五三三七號
發 行 人：彭　正　雄
發 行 所：文　史　哲　出　版　社
印 刷 者：文　史　哲　出　版　社
臺北市羅斯福路一段七十二巷四號
郵政劃撥帳號：一六一八〇一七五
電話886-2-23511028 · 傳真886-2-23965656

定價新臺幣四八〇元

二〇一九年（民一〇八）五月初版

ISBN 978-986-314-474-8　10408

廖序

天下古今多少悲歡離合，就如濁水溪的沙塵無可計數。民國七十六（一九八七）年十月十五日政府宣布的老兵返鄉探親一案，就有千萬久別重逢的真實戲劇產生，劉玖香女士此書即其中之一。

劉女士以自身經歷三十年後，閒來憶往，隨筆記敘，不添油，不加醋，以流利自然簡單的詞語，記下事實真相，或可為這個大時代留下一頁珍貴史料。

王維經先生十六歲少小離家五十一年後，與愛妻「姊姊」重逢乍見相擁而泣不止，還是「姊姊」堅強安慰「弟弟」說：「回來就好！」千言萬語盡在無言中，沒有怨恨，只有憐惜。其實自君別後，「姊姊」獨撐家門，上侍婆婆；下養自堂弟過繼之子長大成人、結婚生子，以傳王家香火；日常還得外出勞動以謀生活所需。年年問卜，問君在否？答在；又問在何方？答在南方。屢試不爽，卻年過一年，未見良人歸來，直到古稀之年的某一天。

王先生在台灣四十八歲那一年，由朋友介紹娶了比自己小二十歲的劉玖香為妻，即所謂「妹妹」。王先生得知髮妻「姊姊」尚在，痛哭跪向「妹妹」坦白說：「我老家有姊姊，我願離婚……」，「妹妹」剎時驚愕，瞬即領悟說：「誰跟你離婚哪？」沒有責備，只有喜樂，趕快準備返鄉探親所需「伴手」。恰如彼岸「姊姊」那樣，只有感謝，只有讚嘆，沒有嫉妒，沒有酸味，讓先生滿心歡喜搭上返鄉飛機。十六年間返鄉十次，「姊姊」憐惜說：「年紀大了，不要再飛來飛去了。」

王先生晚年遺言：落葉歸根，願埋骨老家墓園，長伴母親、「姊姊」左右。劉女士「妹妹」預決遵囑而行，卻憂後代子孫將成「失根的蘭花」，就鼓勵先生寫自傳，於是寫成「王維經九十自述」一書，竟為中國抗日戰爭時期的「流亡學生」記下可貴資料，對兩岸文史學界應也有所貢獻。而台灣子孫每年清明掃墓祭祖，將是王家「一樹同根」、「兩岸一線牽」的大事，可算是無意中美好的設計。

書中還有幾個可敬的人物，如大兒子克梓肯用心、會做事，每次熱烈招待台灣親友，或帶家親來台探訪，促進兩岸親情，孝順父母，友愛兄弟，都出以至誠，也可見慈母以身作則、教子有方。又如「阿松伯」、「譚大嫂」、「田寮風光」裡的父母，都是心胸寬廣、腳踏實地、刻苦忍怨的平凡好人；而「一個父親的眼淚」誠然可憐，雖也有其必然的因素，如能有「姊姊」、「妹妹」的心胸，將可無此可憐的情境。可惜呀！

這是玖香女士生產的第五本書，讀之，雖有多處感動流淚或濡濕，讀完全書，卻有滿滿的喜樂。由此可見，作者雖已年逾古稀，寶刀依然閃亮，真是可喜可賀，讚！

廖松根 民一〇七年冬

自序

政府自民國七十六年（一九八七）十月，開放老兵返鄉探親以來，已滿三十週年。我非常感激政府的德政，更感謝大陸當局「不計前嫌」的寬厚。夫婿王維經在離鄉五十一年後，終於與家人聯繫上，在古稀之年，得以如願返鄉與妻兒團圓。

我於一〇六年（二〇一七）清明，自大陸掃墓返台後，即決定根據夫婿當年獲得萬金家書的悲喜經過，忠實以文字記錄於篇章，敘述這大時代裡的小人物，感人至深的「親情」留予後代子孫，對祖先的追思和緬懷。

夫婿維經，他不是老兵，他於民國三十八年初抵台時，已離鄉十二年之久；直到二十年後，民國五十七年元月，才和我結婚，他娶我時已年屆四十八歲，我則小他二十歲。維經畢業於「國立東北大學」經濟系，而我僅讀完小學；兩人年齡的差距和學歷的懸殊，令我猶豫不決，但他誠懇對我表示，會把我當妹妹和女兒般照顧疼惜。

父親看重他溫柔敦厚的特質，欣賞他踏實穩重的態度，從而信任他，而把我的終身幸福託付。

七十七年（一九八八）元月，是我倆結婚二十週年紀念，攜兒到照相館拍一幀全家福紀念。長子克忠十八歲，次子克恕十六歲，兄弟倆都在學。

九月維經託返鄉探親的同學，把家書帶往大陸寄發。在尚未收到回信之前，維經意外得到維蘭堂弟弟妹，託她返山東探親的表弟——譚金漢先生，捎來家人的訊息，令全家振奮雀喜。

維經趕到宜蘭市，與譚先生碰面，經他轉述，始知結髮妻子——永英尚健在，與兒孫仍住老家。長逾半個多世紀，才得到家人的消息，令他喜極而泣。

我與維經倆結婚二十年來，他從未提過家有妻室，今得知髮妻固守家園，上侍母親，下育兒孫，承續王家香火於不墜，維經感念老妻堅貞不渝，等待他返家園的深情重義。回家來後向我坦白事實，說願意離婚，當下令我錯愕！

維經天性忠厚善良，我佩服他的道德勇氣和坦誠的表白。可我一點也不責怪他，我們三人之有今天這樣的處境，這是時代所造成的現象與事實，不是誰的錯，婚姻乃三世註定的緣份，我很珍惜這忘年夫妻緣，怎會輕言離婚？

對家裡的姐姐（夫髮妻）我打從心裡尊敬她，心疼她在艱難歲月，對咱王家無怨無悔的犧牲，奉獻了一生青春年華。維經惟有多返鄉與她團聚，給她溫暖和慰藉，雖然太遲了些，但多少彌補過往夫妻不得團聚相守的遺憾吧！

維經自與永英姐重逢團聚之後，八年間他六次返鄉。永英姐深深感受到丈夫的關愛，以及兩岸家人親情凝聚的可貴和不易。令人扼惋的是維經第七次攜忠兒返鄉，卻是送永英姐上山頭，令維經悲慟頓足不已！

永英姐於八十六年（一九九七）六月，以八十一歲高壽往生。維經則於一百年（二〇一一）最後一天，九十一歲時往生佛國淨土，與永英姐在彼相聚。我遵囑維經百年後，骨灰落葉歸根，與髮妻同葬祖墳的遺願，由克梓兒夫妻來台，悲喜迎回故鄉——淄川安息。

猶記得童年在家，大姐和二姐爭執時，祖父不悅怒斥道：「姐妹不知融和相處，將來把妳倆，一個嫁到台灣尾，一個嫁到台灣頭，永遠不得相見……」當時想：我該不會被嫁到花蓮港去吧！

姐妹當中，我的人生際遇最為特殊，十七歲離鄉到台北謀生，十年後，因緣俱足，千里一線牽，與同樣少小離鄉，隻身來台的維經結為夫妻。祖父若在世，定會驚訝，他這個孫女怎麼會嫁到距離台灣，八千里路遠的「山東」去？這就是冥冥中不可思議的「緣份」吧！

維經自幼失怙，婚後他孝敬我父母，友愛我兄弟，娘家是佃農，家境窮困。民國六十年父親往生，那時我倆結婚剛滿三年，經濟拮据，維經為表達岳父嫁女之恩，向朋友借伍仟元包奠儀，經與芳堂叔作主，當下替父親還了一筆於民國四十六年全家生病時所借的債。

娘家窮困至此，眼看四個弟弟就要輟學。維經以他的智慧和細心，想出一良策，建議我姐妹同心協力（大姐不願參與），助弟弟們完成學業。

弟弟們畢業後，各有穩定工作，娶的對象都有好工作，全家收入增加，因此把貧農家庭整個翻轉過來（三位姐姐墊出的學費，民國六十七年母親全部還訖），弟弟們這種努力精神，甚至延續到下一代的姪輩們，他（她）們見賢思齊，奮發圖強。姪輩參加高普考試及格，多人從事公職，有醫療技術師、校護、警察、醫生……。

我在此添一筆，衷心感激夫婿對我娘家的付出，娘家兄弟對這位來自山東的姐夫，感戴在心，永誌不忘。

世間最珍貴的，就是血脈相連的親情和夫妻恩愛之情，以及真摯誠懇的友情。疼惜我者是父母，珍愛我者是夫婿，知我者是交往五十多年，如師如兄的廖松根先生。我倆僅見三面，雖未結金蘭，兄妹之情可見諸他為拙作寫序之用心，他年過八旬，耐心細心把原稿熟讀三遍才下筆。我感知，廖兄就是「文昌爺」派來的使者，他為我五本書作序，是以補我文章之不足，增我文采。在此感恩文昌爺佑我文稿成書，並感激廖兄賜序嘉勉。

另要感恩的是鼓勵我寫文章投稿的恩師——鄭煥先生，這是第五本著作，我要雙手奉上，邀請嵩壽九五高齡的恩師，分享我的喜悅。

中華民國一〇七年冬於

苕林 觀雲望月樓

親情融融兩相惜

目次

民國 52 年(1963)春，維經於台北。

民國 28 年（1939）夏，
維經初中畢業照。

民國 77 年（1988）秋，維經離鄉 51 年，
首次獲得老家妻兒珍貴照片。

民國 77 年（1988）元月，作者結婚 20 周年全家福。

民國 78 年（1989）元月，維經首次返鄉與髮妻、兒孫團圓照。

民國 78 年(1989)元月，維經與肇策嬸(中)維潼堂弟(左一)全家合照。

民國 78 年(1989)元月，維經夫妻(右一、二)、與妻妹(左一)合照。

民國 78 年（1989）元月，維經與睽違 52 年大姊(中)合照。

民國 80 年（1991）三月，作者夫妻二人返大陸，
和克梓兒(左一)、外甥耜慶於北京故宮。

民國 80 年(1991)，作者初次隨夫返鄉與永英姐(左)於老家寫橋。

民國 80 年 (1991) 四月，全家福左起孫女莉莉、兒媳香浦、永英姐、作者夫婦、孫子世壯、兒子克梓。

民國 80 年（1991）四月，作者與維蘭弟妹(左三)、永英姐(右二)於老家。

民國 80 年（1991）四月，與兩孫義父盧俊德先生(左三)、義母(左一)合照。

民國80年(1991)四月，維經與堂弟維潼(左一)、維倉(右一)合影。

民國80年(1991)四月，維經與姪子克和(左一)，克謙(右一)合照。

民國 87 年(1998)十一月，維經與外甥耜慶夫婦(右一、二)全家合。

民國 80 年(1991)四月，維經與與二姊(後排左三)及其子女(前排三)。

民國 80 年(1991)四月，兒媳相陪從淄川坐夜車到南京取返台機票。

民國 80 年（1991）四月，姪兒克順(左二)特從蘇州來南京相會，合照於“雙門樓”旅館。

民國80年（1991）四月，維經至南京會堂弟維洛(左一)、克桐姪(右一)。

民國80年（1991）四月，維經與妻兒於“中山陵”。

民國80年（1991）四月，於南京古城。

民國 83 年（1994）秋，瀚德(右一)首次隨父返鄉。

瀚德和父親、兄嫂姪於泰山留影。

民國 83 年(1994)秋瀚德與父親、長兄克梓遊“千山佛”留影。

維經與維字輩堂弟們合影於濟南。(1994)

民國 86 年(1997)夏，永英姐往生，瀚賢(前右二)
隨父返鄉，與兄長克梓(前右一)服孝。

民國 86 年（1997）夏，瀚賢與維蘭嬸全家合影。

民國 86 年（1997）夏，瀚賢與耜慶表哥孫女畢千惠合影。

瀚賢與兄長克梓、姪女、王信堂姪(右一)於頤和園合影。

民國 91 年(2002)春，與永英姐岳店娘家五位姪兒合影。

民國 91 年（2002）春，與外甥女秈華夫婦(兩旁)合影。

民國 91 年（2002）春，作者夫妻與兒、媳於西安城門。

民國 91 年(2002) 3 月 31 日，於西安“大雁塔”留影。

民國 91 年（2002）春，兒媳香浦(左一)陪公婆遊“嶗山”。

民國 91 年（2002）春，參訪鬼谷子講學之“梓檀山”。

民國 84 年（1995）夏，宋昌林先生(左一)、
畢可安先生(右一)於舍下合影。

民國 85 年（1996）12 月，宋昌林先生在“國家劇院”主演李逵探母。

民國 84 年（1995）宋昌林先生在台北“國軍文藝中心”演包公。

民國 93 年（2004）春，兒媳相陪至蘇杭旅遊合影。

民國 95 年（2006）元月，克梓夫妻來台探望父親，三兄弟與父親合影於芎林。

民國 95 年(2006)元月，維經父子遊“石門水庫”途中小憩。

民國 98 年(2009)秋，與瀚賢兒一家於芎林“觀雲望月樓”。

民國 98 年（2009）春，於“中正紀念堂”後園賞花。

民國 101 年（2012）元月，孫女蔚綸(國小三上)創作“我的祖父母”獲得特優獎。遺憾遲了一步，把作品供爺爺靈位前。蔚綸兄妹倆與來台探親的伯父母合影留念。

民國 100 年（2011）夏，維經 91 歲，全家福。

民國 104 年（2015），“母親節”作者於山東淄川全家福照。兒、媳分坐兩旁，孫女莉莉(後左二)一家三口，孫子世壯(後右三)與妻兒。

政府開放返鄉探親

英明睿智，深具遠見的——蔣經國總統，他擔任行政院院長時，因應國內建設需要，一手擘劃完成艱鉅浩大的「十大建設」，帶動造就國家經濟蓬勃成長，一片欣欣向榮，讓國民人人有工作，衣食無虞，社會安定，家庭幸福。

經國先生他洞察世界潮流所趨，了解民意所向，擁有悲天憫人的胸懷，大刀闊斧改革時政。於民國七十六年七月十四日，下令國內全面解嚴，同時開放報禁和黨禁；十月十五日開放老兵返大陸探親，讓垂垂老矣的老兵，聞訊雀躍展歡顏。十一月二日，紅十字會為老兵開辦大陸探親手續。

民國三十八年，隨政府來台的老兵，以及韓戰結束後，來到台灣的一萬四千位軍人，初聞政府這一重大措施，感動得不禁涕淚縱橫，猶以為在夢中。待報章、電視陸續密集報導後，他們興奮雀躍的心情，實非筆墨所能形容。

在台灣這個孤島上，這些老兵們過著平淡平靜，刻苦簡樸的生活，堅忍等待數十年，就期盼著有朝一日，能活著回到故鄉探望親人，闔家團圓。然而數十年來，因兩岸政治軍事對立封閉的因素，致他們有家歸不得，與家鄉的親人妻兒、兄弟姐妹，天各一方，音訊杳然；逢年過節他們尤其思念得緊，唯有在夜闌人靜，明月當空，抬首仰望溫潤的月華，傾訴思鄉之苦，念親之切。

經國先生這驚天的政策，老兵們難免產生疑慮與莫大的惶恐，尤其是從韓戰結束來台的老兵，當年他們在戰場被遺棄，內心猶憤恨難消，因此，幾乎每人都在手臂或胸前、肩背上刺著強烈明晰的圖騰，或刻「殺朱拔毛」的反共文字以明志。這趟若回大陸探親，這烙在身上的印記，對岸當局見了，會做何感想？怎樣看待？會原諒這是時代造成的不幸和遺憾嗎？

當民國三十八年來台的老兵，紛紛到中國紅十字會打聽，如何辦理探親手續時，這些身上有印記的老兵，只得求助外科醫師，請教要如何塗消肌膚上刻鏤的印記？這是一大工程，慘酷的現實，內心必然恐懼掙扎，悔恨交織，還得咬緊牙關，忍受皮肉的痛楚和心靈的折磨。

我們都是炎黃子孫，系出同根，血脈相連，同文同種，血濃於水的手足。過去那些政客短視的偏見，貪婪自私，爭名奪利，兄弟鬩牆，以致國家民族遭殃，眾生受苦受難，流離失所，妻離子散，骨肉分離，奔走他鄉，父母親人不得團圓的悲慘遭遇，令人一掬同情之淚。

天可憐見，兩岸隔閡數十年，親人不能相見的痛苦，和無盡的思念與哀愁，終於出現一道明粲的曙光。兩岸兩位領導人——蔣經國和鄧小平，這廂即時開放探親，那廂大方釋出善意——「既往不究，不計前嫌。」的聲明，讓眾多耿耿於懷，惶惶不安的老兵，聽了欣喜若狂，放下積壓胸中的塊壘，毫無罣礙，無有恐怖，敞開心胸，步履輕快踏上故土家園，一償遊子思鄉念親的宿願。

比老兵更早離鄉

夫婿——維經他不是老兵。當年他少小離鄉別親，是隨山東省立第一中學師生，流亡到南邊的四川大後方讀書，六年間完成初中與高中學業並考取大學。抗日勝利後，他又隨東北大學師生復員，千里迢迢，回到瀋陽東北大學校本部，繼續完成大學學業。畢業後，受聘任教「瀋陽師範學校」擔任教職。

民國三十七年初，東北局勢緊張。他辭去教職，轉任遼寧銀行總行。他苦苦等待，花了比原價高出兩倍的價錢，買到一張飛往青島的機票，他即辭去銀行職務。

他在青島，幾度想回淄川家鄉看望母親，無奈膠濟鐵路早已不通，無法如願。他在青島觀望兩個多月，眼看回家無望，只得南下到南京，與復員的劉齡九大哥取得聯絡。劉大哥是他在四川讀書時，認識的同鄉摯友，親如兄長。他即在劉大哥主持的一個教會團體，擔任會計工作。

這年十二月，國共徐蚌會戰失利，湊巧由東北戰場逃出來的國立六中同學——于漢經，來南京看望劉大哥，他倆不期而遇。于同學當時是奉令，帶兵到台灣向孫立人將軍報到，維經即隨于同學搭船到台灣。

維經因時局的變遷，當年在命運和時代的巨輪推動下，漂洋過海來到這陌生舉目無親的島嶼。萬萬沒料到，他一踏上台灣這塊土地，一待就是漫長的四十年。此期間因兩岸政治封閉的因素，他雖思鄉念親情切，卻歸期渺茫。在這年將屆古稀之齡，眼看就要老死孤島異鄉；所幸，政府及時開放返鄉探親的德政，真是蒼天有眼有感啊！

政府初開放通信，因兩岸隔閡太久，一切尚未明朗，難免有所顧慮。信封上只寫收信人姓名和地址，寄信人的姓名和地址不外露，而寫在信紙內，信封下方只寫「內詳」兩字，而且不能直接郵寄到大陸家鄉，必須經由第三地——香港轉寄。寄一封報平安的家書，如此麻煩，真是費時曠日，急煞兩岸引頸翹盼的親人。

之後，通信不必再經由香港轉寄，兩岸正式通郵，只要寫明地址，貼足郵資，可直接寄往大陸親人手中。雖則如此，其間仍有扭捏之舉，把對方的郵票用黑筆塗消，令人啼笑不已。

維經擔心家信寄丟，七十七年九月，開放探親翌年秋，他大學的楊同學，正欲返湖北探親，他即寫一封離鄉五十一年來的第一封家書給維蘭堂弟，委託這位楊同學帶往大陸投郵寄發，家人比較可靠收到。我們不清楚，家裡到底收到信否？為此，不免懸念惦掛著。

在楊同學尚未返台之前，維經在宜蘭市電信局服務的學生——高清泉，他無意中發現佈告欄上，有尋找老師的消息，以及聯絡人姓名和電話號碼。他立即撥電話給住在台北縣的父親，告知此事，因為父親和老師，皆是山東省淄川縣同鄉。

熱心的高德聲先生，當下撥電話通知維經，說家鄉有人找他的訊息。維經初聞家人託返鄉探親的同鄉找他，真是又驚又喜，內心非常激動。經電話聯絡後，決定就在那個週日，高先生陪維經赴宜蘭市，拜訪這位古道熱腸的同鄉——譚金漢先生。

髮妻苦守五十年

午後，約莫兩點多鐘，維經從宜蘭回來。那時我午休後，正坐在床沿上修剪指甲，聽到客廳大門的鑰匙聲，很高興，知道他回來了。遂大聲問：「老兄，見到那位譚先生，他怎麼說啊？」

維經沒吱聲，直接到浴室洗手。他的衛生習慣很好，從外面回家來，一定先把手洗乾淨，洗把臉，再做別的事，我耐心等他。

一會兒他擦乾手，走進臥房，突朝我「咕咚」一聲，雙膝跪下，神情嚴肅說：「妹子，我請妳原諒，我在民國二十五年冬，讀中學時，由母親作主，在家鄉已經結婚了。當年我娶妳時，沒告訴妳，現在只有坦白把實情說出，請妳原諒……」

對這突如其來的舉動和話語，我一霎時反應不過來，當下驚愕住了；我恍神以為這是電視上劇情，不，這不是電視，我很清醒。望著他忠厚善良，一臉無辜的娃娃臉，我鎮定地說：

「請你再說一遍。」說這話時，我伸出雙手扶他起來。但他仰首跪著，滿臉歉疚地說：「我在家鄉已經結過婚，妻子還健在，如果妳覺得委屈，要離婚，我沒話說……」我硬把他扶起，含笑說：「傻瓜！誰要和你離婚啊！」我頓一下說：「那是我們婚前的事，而且是我還沒出生之前的事，我哪管得著哇！」

他一聽馬上釋懷，原本嚴肅緊繃，又顯歉疚的臉色，霎時緩和柔順下來。

此時，應是「無聲勝有聲」吧！我想他內心此刻必定輕舒一口氣，慶幸老婆沒有責怪他，為難他。稍頃，我推開他，不禁埋怨說，怎麼不早點告訴我？若早些知道，我們的生活開銷可以再節省一點，聽說那邊的生活很苦，若每個月寄五十塊美金回去，就可以改善生活了。

他聽了呢喃自語：「我們已經很儉省了。」

這會兒使我想到，平劇「五家坡」裡的王寶釧。她的夫婿薛平貴出征多年未歸，她寂寞堅忍等待，苦守寒窯一十八載，而我夫這位結縭妻子，她苦守家門等待丈夫歸來的日子，竟是王寶釧的三倍長，天哪！著實令人難以想像，在那貧困孤寂的漫長歲月，她是依憑什麼捱過來的？我在想，要是我，愁也愁死囉！

我忽又聯想到，自己現在的身份和心境，豈不就像「四郎探母」裡的鐵鏡公主？楊延輝流落異邦，與鐵鏡公主再婚，一十五載，兩人生了一個兒子，之後才有母親的訊息。

而我夫漂泊台灣二十年，才和我結婚，與我生了兩個兒子。這是上蒼特意安排的嗎？維經他少年為求學離鄉別母，南渡北回，是命運的使然；把他從千里之外，牽引渡海來到台灣，與我相逢結緣再婚，這是主宰者憐憫他孑然孤寂，為妻子堅忍苦守三十年，而賜予的機緣和補償嗎？

維經由譚先生口中轉述，才得知結縭妻子尚健在，而且領養堂弟維蘭第三子──克梓為兒，已經娶妻，並且有兩個孫兒女，與妻子仍住老家。遺憾的是，維蘭堂弟已去世多年，此生兄弟倆再也無緣相見了。

維經說，譚先生只說家裡狀況，但沒提到娘，不知娘還在不在……他說維蘭堂弟和他自小感情很好，如親兄弟一般。維蘭弟妹特別提到他的字──「孟九」，這別人不會曉得，只有家人才清楚。冥冥之中，上天安排她的親骨肉入嗣給咱家，真是感激又感恩。

原來這位譚先生，正是克梓生母——維蘭弟妹的表弟，弟妹她心疼苦守五十年，等待丈夫歸來的妯娌，一聽說表弟返鄉探親，特別跑去找他，拜託他返台幫忙尋找維經。

維經說，既然獲知髮妻仍在老家，他應盡快返鄉探視。我也認為他應早日回鄉探望，讓她心安。想到她一個婦道人家，在艱困的環境，數十年漫長歲月，獨撐家門，她上服侍婆婆，下撫育兒子，多麼不容易啊！她為遠離家鄉的丈夫，可說守了一輩子活寡，是何等堅貞的心志？著實叫人同情，心疼不已，思之不禁熱淚盈眶，極盼與夫結伴同返老家，拜見這位為咱王家犧牲奉獻的偉大姐姐；然而我在公家學校任職，現階段尚未開放，想是無法如願成行。

今年民國七十七年元月，是我和維經結婚二十週年紀念。我和他兩人年紀相差二十歲，學歷懸殊。婚後兩人相扶持，夫妻能平平安安共度二十年，可說很幸福，應該慶祝。因此，攜兩兒去照相館，拍一幀全家福作紀念。

忠兒今夏考取私立東海大學美術系，因學校遠在台中，必須住校；除繳學費外，須另付住宿費和伙食費。考量家庭經濟能力，我們無力栽培，只得休學，辦理保留學籍。目前他正在補習，希望明年暑假重考，盼能如願考上學費全免的公立學校最理想。

恕兒去年考取，他一心嚮往的「私立世界新聞專科學校」就讀，今年升上專二。我在公立高職學校當工友，白天上班，晚上在夜補校進修。當年因二兒尚幼小，需要照顧，讀一年即辦理休學。自恕兒讀專科學校後，我於去年九月，回南港國中補校復學，重拾課本，繼續讀國中二年級，暑假後升三年級。

連夜修書報平安

維經從宜蘭回來，晚上即寫信給久別的妻子。如後：

賢妻如晤：別離五十一年，未能相聚，思念何似？其間幸有妳服侍母親，衷心感激。去年底曾託人從香港轉寄一封信給妳，未得回音，想妳也許離家去別處。今年九月適有一同學（湖北人）去大陸探親，乃寫一信給維蘭弟，請他代為寄發，至今這位同學尚未返台，至為懸念。

日前有同鄉譚金漢先生（現住宜蘭市，並不認識）赴大陸探親歸來，輾轉託同鄉通知，我乃赴宜蘭市，見到譚先生。得知維蘭弟過繼一兒子給妳，現仍住老家，聞訊之下，至感欣慰。譚先生又提到維蘭弟已去世多年，未提母親，老人家生死不知，至為懸念。幾十年音信全無，正不知妳流落何方，今得知妳平安在家消息，真感謝上天保佑。

我在一九三七年離家，在外流浪多年。於一九四九年一月到台灣，雖日夜思念返家，但難能如願。在台灣苦等二十年，且年近五十，想及「不孝有三，無後為大」，乃於一九六八年結婚；現有兩子，老大讀高三，老二讀高一。現試投這封信，不知能否收到，如能收到，請即回信，務必說明這些年的生活情形；並設法探知姐姐現在的地址及生活情形。姐姐嫁給牛家莊畢于文（字孔博）先生，至今音信全無，至為懸念。最好將全家相片及姐姐全家相片寄來，以慰遠念。餘容後述。

專此敬祝

闔家均安

夫 **維經** 敬上

一九八八年十月二十三日

註：維經七十一年公職退休後，到私立復興中學任職。他決定利用寒假返鄉探親。假日他積極去拜訪幾位探親返台的朋友，了解大陸方面的治安情形，一般民眾如何看待台胞，以及如何辦理出入境手續等等。

家書抵萬金

十一月七日，我們喜獲兒子回信，如後：

父母親大人：

今晚接到您的來信，舉家悲喜。知您在外思鄉之心，念親之情，幾十年來，日思夜想，今日總算有了您的書信。慶幸的是母親孝敬祖母，撫養兒孫，盼等幾十年，總算有了今日。同喜的是您健在，我又有兩個小兄弟，您有母親侍候，請代全家向她老人家問好，並表示衷心的感謝。

今晚遵母命，當即寫信，您見到信也就放心了。今信先後發兩封，避免遺失，再由譚表叔處轉發一信，好使您老人家盡早接到家信，心中早日得到寬慰。

今信告二老，祖母於六〇年病故，享年七十五歲。母親現在身體挺好。我今年三十六歲，妻同歲，有一兒一女，王莉十歲，王壯三歲。牛家莊大姑丈已去世多年，大姑身體壯實；表姐畢粗華（乳名玉新）、表哥畢粗慶都是職工，表哥隨後寫信給您。地址詳見信。

再告二老，家庭情況，母親幾十年來，確實是受苦受累，事情已經過去了，往事不可重提。現在家裡一切挺好，最要緊的是母親囑咐，信告二老，盼您和母親最好帶著兩個弟弟來家一趟，合家團聚一堂，以敘別情。祖母病重時還常唸叨您。近幾年中，常有返鄉探親之人，時常引起母親的心事，凡家中親朋都為打聽您的去向，費心費力。您收到信後，千萬回來一趟，我們緊盼。如急切不能回，望先寄全家照片來，全家看看。

今信暫敘這些，讓您先知道家中已收到信，照片因急於回信，不能等，隨後即寄。

祝一切安好

兒 **克梓**

一九八八年十一月七日晚

常言道：「家書抵萬金」，這封充滿親情與思念的家書，對我們來說，實在太珍貴，太重要了。

維經戴著老花眼鏡，含淚捧讀，這封他離鄉五十一年來才收到的家書。信中盡述思念之切，孺慕之情，情親洋溢，一字一淚，真是悲喜交織。悲的是，維經今天確知母親已故去多年，今生今世，他再也見不到他日思夜想的慈母了，他悲痛難抑，老淚涕泗，不能自已。

喜的是，結縭妻子健在，尚有重逢團圓之日。她為王家勞苦一生，盡心侍奉母親，固守家園，撫育梓兒長大成人，為兒娶媳成家，才有今日安享兒孫繞膝之天倫，這可說是祖德庇蔭，上蒼垂憫的恩賜。

我在旁細讀家書，也激動得淚流不止。我安慰維經說蒼天有眼，雖然晚了幾十年，總算有了音訊。回想每年清明節，我們全家燒紙錢，恭敬遙祭祖先，僅寫公公的名諱。我以維經的年齡推算，猜測婆婆恐早已不在人世了；多年後，家人圍在溪邊燒紙錢時，我望著冉冉而昇的紙灰，心中呢喃默念：「爹啊！娘若和您在一起，這些銀紙和元寶，您倆一起花用……」

再細讀梓兒的家書，一字一囑咐，半個世紀來，慶幸兩邊的家，終於聯繫上了。欣喜之餘，梓兒緊緊抓牢這漂浮在空中的親情之線。字裡行間，惟恐書信遺失的顧慮，充滿殷切的期盼，望父親早日回鄉見面，那急切緊盼的語句，讀來牽動神經，緊扣心弦，令人為之心酸，也叫人心疼！

驚聞父親有髮妻

晚上，兩兒下課回家來，維經把山東老家寄來的家書，教忠、恕兄弟倆看，兩人並肩仔細捧讀後，臉上寫滿「驚詫和喜悅」摻雜的表情。驚的是從小在心中思念的奶奶，已經去世多年；詫的是——原來父親在老家已有一位結縭的妻子！喜的是，他倆有位兄長和嫂嫂，以及姪女和姪兒，悅則是他倆因此升格為「叔叔」，是長輩了。

決定返鄉探親

維經告訴二兒，說他決定利用寒假返老家探親。二兒因兵役限制不能出境；我在公家機關上班，因尚未開放探親，也不能赴大陸，所以不能結伴同行。

晚餐後，維經翻著日曆，決定返鄉日期。他隨即寫信給梓兒，告知返鄉探親日期和時間。

維經手書如後：

梓兒：接到家書，確知你祖母已不在人世，令我椎心泣血，悲慟難抑；憶我自小辭母別家，在外東飄西泊，心中總懷有朝一日重投母懷的信念；如今天人永隔，而未能親自奉養送終，我真愧為人子，豈只是悔恨悲痛而已！

我與你母親，一別幾十年，未能相守；其間承她代我盡孝道，侍奉你祖母。含辛茹苦，獨撐家門，撫育教養你長大，我內心的感激，實非筆墨所能表達於萬一；但求你賢德的母親，能原諒我身不由己的苦衷。她的大恩大德，我會永遠銘記於心。

我與你雖未曾謀面，讀你來信，文筆端正，言簡意深，秉性敦厚純良，字裡行間充滿孺慕之情，令我感激萬分，滿懷歡喜。多年來家中幸有你承歡祖母，侍奉母親，我內心既感激又慚愧，未能盡到為父之責。感謝上蒼保佑，在萬般艱苦歲月，賜我可愛的孫兒女，承續王家香煙於不墜。

我與你維蘭叔，從小一起長大，情同手足，終未能再謀一面，怎不叫我悲痛！今後望你多孝順你嬸嬸，幫助弟妹們，以慰你叔父在天之靈。

當年我能外出求學，完全是你大姑與姑丈的幫忙，除了永懷感激，對你姑丈我無法報答。你若方便，亦當常去看望大姑及表兄姐。

我原在公立學校教書，退休之後，現在在私立學校任職，只能利用寒暑假探親。今接你來信，即打聽探親手續，現正委託旅行社辦理中，如一切順利，可望返鄉過年團聚。家裡或附近有無電話，可來信告知號碼，以便在青島下機時，可先以電話聯絡。你媽媽在公家做事，尚未開放探親，不能同行，你兩個弟弟克忠、克恕因年齡關係，也不能出境。等我行程日期確定後，當再函告知。請將上情轉告你母親，請她寬心，一切等見面時詳敘。

祝一切平安

父字　一九八八年十二月五日

一、附相片三張

二、家裡電話：（〇二）七六八XXXX

十二月五日，維經把信寄出。我則利用晚課回家後，親手織一件開襟的絨毛線外套給大姑姐（維經大姐），再織一件給維經的髮妻，這位令人尊敬，復叫人心疼的姐姐，希望她穿上暖身暖心。我再給孫子織了件背心，孫女一件毛衣。假日再上街選購幾件厚夾克外套給兒子和媳婦，以及外甥等晚輩。

這天接到梓兒託人從高雄轉寄的家書。如後：

父母親大人，您好，兩位兄弟都好。

前接您的來信，時逢淄川張店一同鄉，由台回家探親，十一月十五日，急於回台，提前動身。此人在高雄市任職，回信就由此人捎來台後，轉寄是否收到，當時因時間短促沒有相片，今隨信寄來全家照片。

還有信告，為防你收不到前信，還從宜蘭市譚先生轉寄一信，帶有相片。同時給譚先生一信，對此幫助表示感謝。此信是由大哥克謙署名（湖北省黃石市轉寄信收到）

自接您的信後，母親情緒挺好，親朋時常來問，都盼您回家看一看。

牛家莊大姑家表哥，也有回信給您。

凡是給您的信，無論收到哪封信，家中盼回信。

祝您一切好

兒 **克梓**

一九八八年十二月

古曆十月十七日

親切的家人

維經看到兒孫的照片，臉上綻開欣喜之色，看到髮妻端坐兒媳之間，他激動得嘆息不已，說：「妳看，她的頭髮全都白了……」心疼得眼眶濡濕。梓兒相貌端正，眉宇開展，一臉忠厚實在，身體健壯；兒媳婦眉清目秀，樸實善良，的確是個賢妻良母。她懷裡抱著胖嘟嘟，兩頰紅潤的壯壯孫兒；孫女莉莉五官端正，秀髮披肩，身穿紅色葉紋底棉衣，乖巧依偎在父親胸前，小小年紀，眸中透著一股剛毅堅強的神韻。他們個個看起來，是那麼地親切可愛，啊呀！我們是一家人哪！

之前，我曾問維經，家裡姐姐長得啥樣貌啊？是圓臉？還是瓜子臉？高個子、還是小個子？他聽了一臉茫然，伸手撓著博士頭回憶說：「時間太久遠了，當年離家時，我才中學二年級剛開學，結婚不到一年。唉呀！記不清了。」他掐指算算說：

「這都過了五十一年，印象早模糊，完全記不得她年輕時的模樣，嗯，那年她才二十歲吧！」

如今看到姐姐的照片，她五官端正，眉宇開朗，神韻有些靦腆，應屬內向文靜的女性。她不是圓臉，細看與我有些相像，雖然年過七十，體態微胖，但還適襯，和藹可親，依稀可看出她年輕時美麗端莊的輪廓。

確定返鄉日期

維經決定於民國七十八年（一九八九）年，元月三十一日啟程，二月二十三日返台。他辦理出境手續時，得知他兩位山東籍同事，也利用寒假返鄉探親。維經很雀躍，因此決定三人結伴同行，可相互照應。

剛開放探親時，兩岸尚未磨合妥適，所以，返鄉之路並非一機到位，必須經由第三地，入境香港住一宿，翌日再出境，搭機到青島入境大陸。雖然一路很波折麻煩，但政策如此，只有順其自然，只要能順利到家就好。

十二月二十一日，我們接到克謙（梓兒親大哥）姪兒來信，如後：

伯父您好：

我是王維蘭長子克謙。

今接您由湖北黃石市轉寄之信，全家歡喜。您離家五十年，家中老少盼您的音信，今日總算盼到了來信。知道您在外思鄉念親，您收到家中之信，也就放心了。

在這之前，我於九月二十五日（公曆十一月四日）早已收到您給伯母葉氏之信，三弟克梓已署名給您回了一信，能否收到，為防您收不到，今由譚表叔處轉此信，好讓您早放心。

信告：大祖母於一九六〇年冬去世。伯母身體挺好，收養三弟克梓為子；已經結婚育有女王莉十歲、王壯三歲。牛家莊大姑身體挺壯實，表姐、表哥都是工人。我祖父已去世多年，祖母三年前病故；父親一九五九年去世，母親挺好。我（四十八歲）有三子，長子王華已結婚生子東岳（一歲多）；二子王萌，在大學三年級讀書，本科經濟系；三子王寧開拖拉機。

現在家中一切挺好，您見信後千萬放心，不要掛念，家中詳情以後再敘。

今隨信寄伯母及兒、兒媳婦、孫子、孫女全家照片。伯母在家歷盡艱苦，過下這一家人，苦去甜來，您一定高興吧！

今信同時致意，向伯母問好，全家感謝她對您的侍候，向她老人家致謝。最要緊的是，您在外千萬放心，保重身體，家中盼您回來一趟。

恭祝您身體健康，萬事如意

姪 **克謙**

我一位要好的女同事，她知道維經正在辦手續，將返大陸探親，特別關心，囑咐我要先生一切小心，路上錢不露白，以策安全。她說兩岸分隔太久，經濟和民情差異很大。說報載一位老兵在香港與女兒會面，他女兒竟起貪念，搜括他身上所有財物，把父親殺了。她說但願這是不實的報導，但見探親回台的老兵，大多一臉愁容，兩手空空，即知那邊的生活太苦了。

我非常感謝摯友的提醒，我想人性不致那麼卑鄙墮落。親情應勝於一切有價物質，要不為何離鄉幾十年的遊子，對故鄉和親人眷念不忘，企盼早日回鄉見親人呢！

胞姐的手諭

這天，我們終於接到大姐的回信。如後：

弟弟：

收到來信，心情十分激動，高興。這封信我與弟妹已盼望五十餘個春秋了，母親在九泉之下也會高興。

三七年我和你姐夫，從濟南回到牛家莊，你姐夫又去周村做事，不幸四十年冬，你姐夫病故，丟下我和兩個孩子，女兒四歲，兒子不滿一歲。從此，常在鴛橋和母親、弟妹一起生活。

四六年我帶孩子回牛家莊生活，母親和弟妹在鴛橋，每月往來；有時母親也到牛家莊住一段時期，這樣過了十幾年，孩子大了。現在女兒粘華已退休，她有四個孩子，兩男兩女。兒子粗慶是機械工程師，有兩個孩子，一男一女；兒媳婦鞠端琴是大夫，我和兒子在張店生活。

五二年，母親年六十有餘，維蘭弟第三子出生，長得很好。母親和弟妹為後繼有人，和晚年有人照顧，與我四嬸商量，過繼為兒，名克梓。孩子由母親看著，弟妹勞動，家庭有了生氣。七五年克梓結了婚，生下一女一男。克梓和媳婦為人很好，對弟妹照顧很好，也常來看我。

六〇年母親病故，終年七十五歲。母親臨終一再對我說，一定託人找到你，叫你回家在墳上添捧土。這話我記心中，弟妹為此經常失眠。一有機會就託人，找過譚公樸先生、譚金漢先生及其他從台灣來的先生們。你來信後心情更著急，立即想看到你，我已八十歲的人了，就怕見不到你，希望你早天來，最好全家一起來，一到廣州就來電報，我叫孩子到機場迎接你。

我與全家相片隨後寄去。　此致

敬禮

姐姐　**畢王氏**

維經捧讀這封，他離鄉五十一年之久，才得到姐姐的信函。內容平實直述，娘家和自家的不幸遭遇，令他激動得淚流滿面，不能自已。大姐喪夫後攜子回娘家相伴，侍奉母親，幫助弟妹過活。他邊讀邊啜泣，讀到母親臨終叮嚀，找到他回家在墳上添捧土時，放聲慟哭，激動得無以言說。又聞妻子為找尋他，而經常失眠，內心萬分愧疚。

由姐姐這封信的敘述，他才知道離鄉後，母親和妻子，以及姐姐一家人的生活概況，稍可安慰的是姐姐尚健在，真恨不得馬上見到姐姐一面，姐弟互訴離情和緜長的思念。

千叮萬囑盼父歸

民國七十八年元月中旬，我們又接到梓兒，十二月二十五日寄發的信。如後：

父母親大人，您好，容兒敬稟：

我於十二月二十二日收到來信，內容盡知，信中意，知您在外五十年，初接家信，心中思慮必然很多，孩兒體諒父輩的心情，奉勸您，只有高興，往事不可重提，不必多想，只要好好保重身體，才是最要緊的事。信中提到春節來家之事，更是舉家歡喜之事，五十載天各一方，各相望相盼，今又有重新團聚之日，是我們家的大事。

隨信寄來三張照片，母親見了很高興，家中各老人、兄嫂看了都高興。看到您及母親的身體都很好，我們都放心了。兩位兄弟相貌美俊，都在校學習，可見我們書香人家，後繼有人，輩輩相傳，可喜可賀。能有今日一個這樣的好家庭，是母親在外治理有功，深表感謝。

今信家事暫不敘了，等咱見面後詳談吧！

信中所提聯絡辦法的事，參照人家去青島接人的情況。

一、確定機票日期，班次時間，您提前發電報，我去兩人到青島機場接您。

二、機票日期班次不能定，您到青島下機後發電報，寫明所住旅館名，房間號，我好去接您。

三、電話：淄博市張店，電話號碼：二三六XX，設備處畢耜慶（此電話係牛家莊大姑母家表哥處。表哥接電後，由他轉告我。）隨信帶有名片一張。

後註：第一個辦法最可靠。二、三兩個辦法，最好同時用，最為可靠。見面時，手舉照片為記號。凡事不要託不可靠的人，有事可問機場工作人員。

最後，我自去淄川城託蘇先生捎來一信後，又從郵局直接發了兩封信，兩封信都裝有照片。其中一信是大哥克謙署名寫的，是由宜蘭譚先生處轉，其目的有二，一是為您能可靠的收到信，二是為同時給人家一信，表示謝意。信暫至此。

祝全家安好

您老人家一路平安

兒　**克梓**

一九八八年十二月二十五日

梓兒不明瞭父親心中的疑慮為何？只因當年韓戰時，他到日本東京的「克拉克盟軍總部」當翻譯官的經歷。有這種意外和特殊的過往，是他耿耿於懷，丟不掉的包袱和不安的疑慮。這才是他遲至開放探親之後，不敢貿然通信的原委，他唯恐因此牽連傷害到家人。今既已知政策明示「不記前嫌，既往不究。」的寬大聲明，他才放心寫家書。

讀罷梓兒來信，維經滿懷歡喜說，克梓這孩子真懂事，做事有條理，細心周到，妳家裡的姐姐（維經之妻），教導有方。

接著我們又接到梓兒，元月四日來信。如後：

父母親大人安好，兒敬稟：

今（八九年元月四日）收到您（八八年十二月十八日）發的來信，附有照片一張，信意明瞭，知您二月一日到青島，二日到張店，接您信意，我接您時去張店車站，出站口等您，手舉您寄來的全家福照片為記號。我張店接的時間，可提前和延長接的時間，凡是由青島發往西去列車，我都去等候，望二老見信放心。

前十二月二十二日收到您十二月五日發的信，附有照片三張，此次給您的回信是十二月二十五日發，信意主要是回來時的聯絡辦法。

還有：說明一下。十一月下旬，同時發給您兩封信，都附有照片。一封是直接寄給您的，另一封是由譚表叔處轉寄給您，此信是收到湖北轉信後，克謙大哥（維蘭叔長子）署名寫的回信。

父母二老，到今次收到您的來信共三次，看了您寄來的照片，我們都放心了，全家高興，筆墨言語不能表達。同時感激母親侍奉您，養育二位弟弟，為我們王門有功，等我們見面後，敘說衷情，由父親轉達了。看到二位弟弟挺好，渴望發奮求學，繼我們王門書香之後，是我當兄長的心願。

今信家事暫不敘了，等我們見面後再敘吧！祝全家一切好，您老人家一路平安。

註：您來到大陸後，任何地方都可發電報，註明所到地方，飛機日期、班次。我接到電報，隨時即去接您。以後再接到您的信，無法回信約定，按最後信意接您。今信附有照片一張。

電話：淄川羅村六六XXX（大窩橋瓦廠）王克梓、克和、克增同接。

憨兒多慮

今年寒假放得晚，上班要上到除夕前一天。我每天下班後，做好飯菜，即到學校準備期末考。只有假日才得空，上街採買維經回家的必需用品，和禦寒的厚衣褲。忠兒上補習班用功，幾無假日。恕兒上專二後，徵得父母同意，利用假日到「德州炸雞」速食店打工，掙點零花錢，同時體驗掙錢的辛勞。

這天，忠兒一臉疑慮，小心問我：「媽，爸爸在老家有妻室，那麼我是不是『庶出』啊？」

我一聽當下愣住，瞧這孩子都高中畢業了，還搞不清楚「庶出」是什麼意思！我好氣又好笑說，庶你個大頭啦！順便給他上一課。

我說依照傳統，妻子以外的人生的孩子，如妾、偏房或外室生的孩子，都叫「庶出」。山東老家，你爸爸的妻子，就是結髮妻，也稱做「結縭妻子」，即是「正室」。雖然有人認為夫妻多年不在一起生活，婚姻關係即自然消失；但是我們不能作如是想，夫妻分隔兩地不能生活在一起，這是時代造成的，不是當事者自己願意的。

媽和你爸爸結婚，是明媒正娶的妻子，也就是有法律保障的婚姻，所以也是「正室」。我國自盤古開天闢地以來，幾千萬年，也只有我們這一代中國人，才有這種特殊現象和際遇。上蒼如此安排，對時代造成兩邊的婚姻關係，毋寧是天地的寬容和垂憫吧！

傻兒子，媽媽這樣解釋，你了解嗎？爸媽怎麼會讓你成為「庶出」的孩子呢！你可是爸爸的嫡傳啊！不過，你克梓哥入嗣給爸爸作「長子」，你的排序是從長子改變為「次子」而已。你既沒有損失，又何須顧慮那麼多？媽看你是好命兒，以後家裡，凡事上面有個哥哥頂著，你多幸福！

遊子踏上歸鄉路

在維經動身前幾天，我倆到金飾店購買一些金戒指，準備贈給至親子姪和外甥作紀念，並兌換足夠開銷的美金。一切準備就緒，行李裝箱，捆綁結實。另買一條特製的皮帶，把美金收放好；金戒指不平整不宜放口袋，我特別把厚衛生褲兩側，各多縫一個深口袋，隨身攜帶比較妥當。出門前夕受宗族之託，硬塞千元美金。

維經已年屆六十八歲了，帶著兩只沈重的大皮箱，我很擔憂他的體力能否負荷？所有值錢的全掛在身上，好在是冬天，外套寬厚，比較不顯眼。為求他一路平順，我和他還專程到新竹市的「竹蓮寺」，虔誠向一生信奉的觀世音菩薩，求得平安符一枚，戴在脖子上保平安。

七十八年元月三十一日，農曆十二月二十四日，早晨五點。維經和另兩位同鄉在松江路會合，共乘旅行社的休旅車出發赴中正機場。我目送他們的座車，消失在清冷的街角，才搭公車回家。

成年的考驗

往年家裡在除夕前一個月│就大掃除，今年因準備維經返鄉行諸事，還沒空收拾，只能利用下班回來刷洗紗窗以及室內清潔工作。今年適逢忠兒虛歲二十，這天我特別準備一個生日蛋糕和一只金戒指祝賀。

晚上我們娘兒三人吃過蛋糕，照好相，忠兒騎摩托車載弟弟去民生東路的速食店上工。回程時他在松山路，不慎絆倒一位老婦人，他嚇壞了，打電話回家告知此事。我聽了大吃一驚，忙問撞得怎麼樣啊？他驚慌說對方手腳沒事，只傷頭部，現正在永吉路外科醫院急診……我心想頭部受傷還得了？忙問有送開刀房急救嗎？忠兒答說：「沒有。」我一聽想必沒有生命危險，放心不少。

怎麼會發生這種事？我心裡不免嘀咕。爸爸剛出遠門，還在路上，我的一顆心還懸念著他的安危，這忽又添一樁事故！只得叫忠兒放心在醫院等候，媽馬上過去瞧瞧。

丈夫不在家，沒人幫忙拿主意，不幸碰到這種棘手的事，我得鎮定思考，如何把這檔衰事，大事化小，小事化無，處理妥當。我抓了三仟元揣在衣袋裡，出門不急著搭計程車去，我沿著彎彎曲曲的虎林街步行，邊走邊思考要怎樣應付。

到達永吉路這家醫院，隔壁就是派出所。忠兒垂頭喪氣，領我到病房看這位傷者。

她是一位瘦弱的七十四歲老婦，我以不甚靈光的福佬話向她道歉。問她傷得怎麼樣？請她安心養傷，醫藥費我們會負責。她轉頭讓我看她的傷口，我瞄到她後腦杓貼一方約十公分長的紗布，紗布仍潔白，想僅皮肉傷，放心不少。再問您會頭暈嘔吐嗎？她答：「不會不會，沒怎麼樣。」但她說她的玉鐲摔斷了，要我幫她修復接回。

我接過斷成三截的玉鐲說，會拿到銀樓幫她鑲合。

走出病房即去找主治醫師，問這位阿婆應該沒有腦震盪吧？醫師笑說，只是擦破皮而已，敷藥包紮即可回家，根本不必住院。醫師小聲跟我說，這位阿婆帶煞，會害人，她都是在晚間出門，這已經是第三次了。他的兒子會以此向肇事者，索賠高額醫藥費和營養費。

聽醫師所述，我恍然大悟，也難以理解。心想我兒運氣不好，才遇到這個惡煞，既然避免不掉，只有自認倒楣。離去前去病房跟阿婆打招呼，說明天再過來看她。回程上，忠兒很懊惱說，我看到紅燈正要停下，阿婆像腳沒力，忽向他車後撲倒，並非被我撞到……忠兒自責說沒聽媽的話，不去換襪子，就不會走松山路，讓媽媽擔憂，頻問怎麼辦？對方會提告嗎？

我安慰說，這不是重大傷害，應不致提告。只有想辦法解決，兵來將擋，水來土淹。恕兒下工回家得知此事，直跟哥哥道歉，說若不是送他去打工，就不會發生這事。我安慰他兄弟倆，既然碰上了，就怨不得別人，大家累了一天，睡覺要緊，天大的事，明早再說。

翌日我起大早，到市場買兩支豬腳，和麵線雞蛋，送給阿婆消災，這是傳統習俗不能免。到醫院一進門，看到阿婆在飲水器前接水，我心裡有數，大可放心了。把禮物送給阿婆，稍頃阿婆的兒子出現了。我跟他說，聽醫師講阿婆只擦破皮，不須住院，可以回家了，是否今天就辦出院手續？

他一聽大聲說：「我媽媽的傷還沒好呢！怎麼可以回家？」我心裡想，難不成你要把老母親丟在醫院過年是嗎？

元月三日下午，恕兒打電話到辦公室找我，說剛收到爸爸打來的電報，說他已平安抵家，叫我們放心。知道維經順利返抵家門，我完完全全放下心中的惦掛。

今天是最後一天上班日，隔天就是除夕夜了。阿婆好像打算賴在醫院過年。心想好吧，那就等過了年再說。大年初一上午去看阿婆時，遇到她的長子，原來他兄弟倆是做水泥工程的，哥哥忠厚實在，比較理性。他說他媽媽根本無大礙，何必在醫院過年？找穢氣，是他弟弟堅持讓媽媽住院的。言下似對弟弟決定不讓媽媽出院，埋怨不滿。

我表示，阿婆的住院費，我會負責到底。她的手鐲已修好，我明天帶過來。你看明天出院好嗎？除醫藥費外，我另包一萬元營養費給你，這樣你可以接受嗎？他說都怪他弟弟，硬要這樣那樣，我們都是實在人，將心比心，何必如此！

年初二再去看阿婆時，看她不知為何坐立不安。這時她小兒子出現，我向他表示，已向他哥哥提出和解條件。他低眉思忖一下，說這區區一萬元哪夠？我媽媽還要吃中藥調養呢！心想頭皮擦傷跟吃中藥，根本風馬牛不相干嘛！遂問中藥須多少錢？他竟獅子大開口說，中藥粉每天要兩佰元，至少要吃半年以上……。我估算一下，那豈不是要三萬多元嗎？心中暗罵，你找錯對象了啦，我家不是開銀行的，沒錢！

耗了半個多小時，他看我很堅持不退讓，便說那等你先生回來再談條件好啦。我說先生已是七十歲的老人，退休很久了，那一點點退休金早吃光了。他不死心，又問你先生去大陸多久會回來？我冷哼一聲說，他說去一個月，但他那邊有老婆，他也許不回來了。我的誠意很夠，條件優渥，你若執意不和解，那就讓你母親住到我先生回來再談吧！

心想你真夠狠，把老媽媽當做敲詐的工具，貪得無厭。他低頭盤算一下，說妳先生沒錢，妳上班有錢啊！我早有準備，從衣袋掏出薪水條，讓他瞧個明白。他接過去仔細看了一下，說怎麼這麼少，一個月還不到玖仟塊錢啊。

我不願與他費唇舌，說我開的條件不會改變，你若有誠意寫和解書，明天晚上八點半，我們醫院碰面解決，你若不願意，這就讓它耗著罷。我拉著忠兒，頭也不回，快步走回家。

為了忠兒這件事故，我內心焦急，操煩不安，食不知味，睡不安枕，才幾天工夫，體重驟降五公斤。忠兒哭喪著說，媽媽，後天補習班就要開課了，這件事沒解決，我會留下不良記錄，怎麼辦？我安撫他，不用著急，今晚睡個飽，明天才有體力去應戰。

年初三一早，我即打電話請維經族弟——國衡，請他撥冗來幫我做膽。他是陸軍上校退休，人高馬大，皮膚黝黑，目光炯炯，聲若洪鐘，有軍人威武氣概，很能懾服人。再打電話請二姐夫過來幫忙，姐夫是相貌堂堂的建築商，見多識廣，口才便給，福佬話很溜，談判游刃有餘。

這還不夠，我要人多勢眾，在氣勢上壓倒蠻橫不講理的對方。我又電邀做生意的堂叔，他眉宇軒昂，目光犀利，一看便知是位很有智慧的人物，國客福佬話難不倒他。

年初三晚上八點半，我身上揣著肆萬元新鈔，與忠兒出門。三位前來幫忙的親戚皆準時抵達。阿婆的小兒子還想拖，看能否多敲幾個銀子。她大兒子則跟弟弟說這樣就好啦，不然明天開工，家裡六七個小孩，誰顧吃飯啊？我聽了心裡很篤定。

我這三位親戚皆說，僅輕微擦破皮而已，其實根本不必送營養費！過了一會，阿婆小兒子說：「要辦出院，這麼晚妳怎麼籌錢付醫藥費和住院費啊？」我說：「錢的事，你不必為我操心，寫好和解書，我自然一毛不少全付給你。」

「我這位叔叔是做生意的商人，他說這永吉路上正好有一位朋友，他可向他朋友借。」說完我示意叔叔假裝撥電話聯絡，悄悄跟叔叔說錢我帶來了。他放下話筒後，我兩人到附近轉一圈回到醫院，說錢借到了。

阿婆小兒子怕我不付營養費，終於點頭同意寫和解書，我遂把醫院的醫藥費和住院費，一共一萬玖仟多元結清。這時已快十二點啦，我們六人步行到福德街一個警察分局，請值班的警察先生幫忙寫和解書。二姐夫示意，我須包一個紅包，謝謝這位寫和解書的警察先生。我隨即付一萬元營養費給對方，阿婆小兒子和忠兒兩人在和解書上按下指印，即刻解決紛擾多日的穢事，從此各不相干。

我向三位前來幫忙的族弟、堂叔、二姐夫深深一鞠躬道謝。這時已是凌晨兩點，二姐夫騎機車自行離去，族弟和堂叔都住興隆路，我拿錢請堂叔和族弟共坐計程車一道回去。

他們離去後，忠兒深深舒一口氣，說明天他就心無掛罣，可專心補習了。忠兒仍滿懷歉意說，害媽媽額外花一筆錢。我認為錢是身外物，破財消災，只要家人平安就好。

將近一週的精神負荷和心靈折磨，霎時卸下，我忽有身輕如燕的輕盈感覺。離家雖有一段路程，但我並沒叫計程車坐，我母子倆輕輕鬆鬆，慢慢走回家。一到家立刻到浴室，從頭到腳，全身上下洗個透，洗刷掉一身疲憊和汙穢之氣，上床倒頭便睡。

當我一覺醒來，已是年初四上午十點半啦，我從沒睡這麼晚起來。忠兒已去補習班上課，恕兒正要出門去速食店上工。沒有精神負擔，身心愉快，我舒展一下筋骨，才姍姍起來，到客廳磅秤一磅，竟然少掉七公斤！

往年初二我們會去二姐家拜年，年初三是父親誕辰紀念日，我們四姐妹才回娘家，與母親和兄弟們團聚。今年因初七小學同學辦同學會，年前已經電話向母親說明，初七才會回去看她。

玄奧的夢境

大年初四，我趕在中午前去二姐家拜年，順便找她家的《解夢書》查個明白。因為七月某日清晨，我夢見自己在一處風景優美的清溪洗頭髮，正洗得開心，忽聞大水沖過來的聲音，我撩起頭髮往上游望去，那滾滾河水，洶湧奔騰過來，我驚得拔腿就跑……醒來後我一直不解的是，我在溪邊怎麼會是洗頭髮，而不是洗衣裳呢？

翌日上班，我跟同事述說昨夜奇異的夢境，莊主任一聽便說：「大姐，妳的夢大水沖過來，就是財政部長宣布證交稅，今天股市大崩盤啊！」

在二姐家吃過午飯，姐夫把我要看的《解夢書》找出來。我逐頁仔細翻看，有一頁上面果然繪有一女子在溪邊洗頭髮的圖像，上面解說——女子溪邊洗髮，註：「夫有妻」！我整個人驚呆了。沒想到我的第六感這麼強烈準確！真是不可思議，太深奧玄妙了。在維經還沒親口告訴我，家裡有妻室之前，老天爺竟透過夢境向我示知了。

姐夫一點都不驚訝地說，他早猜到維經在老家已結過婚了，只是不好問而已。我說他與一般人的際遇不同，是在讀初中二年級時就離鄉了。三十八年大陸軍民來台灣時，他已離鄉十二年之久了，所以我一直沒往他已結婚這方面想。

當然，當年他若坦白告訴我，他在家鄉已結婚的事實，父親決然不會同意這門親事，我也就不會嫁給他了。他怕娶不到我，而隱瞞事實，不敢明告，內心必有掙扎和深沈的考量。

我與維經結婚時，他已年近五旬，是有了年紀。我之所以決定嫁給他，實在是被他真摯誠懇的態度，和鍥而不捨的精神所感動。父親則欣賞他溫柔敦厚，謙謙君子的氣質和穩重踏實的儀表。

婚後，他說在台灣待了快二十年，朋友和同事介紹很多女孩給他，而且都是有教職或公職的，但他一個也沒看上。可當他第一次見到我就鍾意，告訴自己：「這個女孩是我所要的，一定要把她娶回家。」

我想這也許是前世註定的姻緣吧！是上蒼垂憐，他為髮妻守了三十年孤寂的補償？

有次我問他，來台這麼多年，過慣單身逍遙自在的日子，這年將半百，怎麼突然想結婚成家？他幽幽地說，前幾年總寄望有朝一日，能回老家和母親團聚，後來依局勢看，事實是不可能了。想到自己是獨生子，對家族延續有責任，加上這兩年，那邊大鬧文化大革命，想到老家經不起折騰，恐怕早已崩潰不存在了……。

他說，祖父是當地很有成就的實業家，更是遠近馳名的慈善家；莊園深廣，良田無數。咱家雖小，不比莊園，仍有高大門樓台階，三進式宅院。咱家有這樣輝煌的背景，目標太大，可以想見，他們一進來，就會注意到咱家這樣的家族。母親年紀大了，恐凶多吉少，思之內心惶恐不安，午夜夢迴常淚濕枕巾……。

聽他所述，我非常同情他不幸的遭遇，只有安慰他，革命動亂有違天意倫常，不會長久，總有一天會消聲匿跡，平靜安定下來。

維經和我結婚二十年，難為他為維繫我們晚來的幸福婚姻，小心謹慎，從不透露絲毫家有妻室的事實。他是一個重感情，有情有義，有良知的血性男子，他離家與妻子分別三十年，一直沒再婚，是心中不忍割捨夫妻情份和責任。一旦獲知髮妻仍守著家園，苦苦等待，他即決定回老家看望這位堅貞不渝的妻子；可是他有內疚，深覺對不起我，才會對我脫口說：「我們可以離婚。」──這句負責任的話。

我這個貧農出身的小女子，算是躬逢其境──老家的姐姐，她為夫等待幾十年，吃苦受累，堅守家園，侍奉婆婆終老，撫育兒孫，如此偉大胸襟和堅忍的情操，何等難得？想來不禁令我肅然起敬。我雖不敏，當以姐姐為榜樣，為夫分憂解勞，撫平他身不由己的苦衷和愧憾。

我和維經婚後，兩人從沒有分別這麼久。老家沒有電話，無法聯絡，他在大陸期間的生活，以及和家人互動的情形，全然不知，令我非常掛念。趁寒假上半天班的空暇，整理一些相片和信件，以轉移對他的思念，忙碌中寒假即將結束。

悲欣交織

二月二十三日下午，是維經的歸期，我和忠兒到中正機場迎接。當忠兒從高懸的螢幕上，看到爸爸熟悉的身影時，興奮地說：「媽媽，我看到爸爸走出來了！」歸國民眾依序通過後，卻看不到他的身影，直到出口處，我才看到久違的他。原來他的推車上，除兩只大皮箱外，上面還疊了兩個大提包，物件堆太高，他完全被擋住了。

後來忠兒跟我說，去接爸爸時，他內心有些忐忑不安，因為看新聞報導說很多探親回台老人，把身上的衣物、手錶、相機等，全留給家人，返台時兩手空空……他很擔憂爸爸像他們一樣。當他看到爸爸推著高高的行李回來，他放心了，老家親戚的生活條件應該不錯。

這趟遊子長達五十二年之久的返鄉探親行，可把維經累壞了。看到塞滿兩大皮箱的土產、陶瓷藝品、精細硯台、絲綢布料、茅台酒等紀念品，我很心疼，畢竟他已是六十八歲的老人，不禁埋怨他不懂得推辭，不該帶這麼多禮物回來。從青島搭機入境香港，他如何搬動行李到旅館？翌日再搬出到啟德機場搭機返台，真的一路太艱辛勞累了；況且，他隔天就要上班。

第二天晚餐後，維經這才得空，向我們敘述他返鄉之行的波折和奇遇。他與另兩位同鄉抵達青島機場後，那兩位同鄉立即被住在青島的親戚接走，留下他孤伶伶一人。維經與梓兒信上約定，原意是下機後先住旅館，翌日一早搭乘往西行的火車，在張店下車，與等待的克梓會合。

但維經歸心似箭，心忖：與其住一宿再搭車，不如馬上雇車趕路。當他拖著兩只大皮箱張望時，一位專門接待返鄉探親的機場服務人員，見他孤單一人，上前關切，問他要上哪兒去？他回說要到淄川縣羅村鎮的大窩橋，那位人員親切地說可派車送他。剛好當時輪到一位女性司機，他即搭她的車動身。

這一路開到天快黑，兩人下車找一家飯店，填飽肚子，用餐後再繼續開。女司機人很誠懇熱心，態度隨和，心細親切，沿途頻下車問路。約在深夜兩點多鐘，終於來到家鄉大窩橋村。可是離鄉五十多年，變化太大，又在深夜，大地一片漆黑，方向不辨，一時之間找不到自己家門，讓他心慌著急。

這時可巧有位婦人起早磨豆腐，司機立即向前詢問，那位婦人得知是鄰居親人返鄉探親，立刻去敲家裡大門。從未謀面的克梓兒，聽說是父親來家，立刻奔來接他回家。說來真感謝這位盡職的好司機。

維經隨克梓摸黑到家，內心非常激動，與妻子抱頭痛哭，分別半個世紀，夫妻終於得以重逢團圓；雖已事隔多日，但維經說到激動之處仍難掩情緒：「我哭啊！哭得涕淚泗流，五十多年的思念，在這一刻盡情宣洩。見不到娘，是我今生最大的憾恨，我哭到快崩潰，不知是悲是喜？」後來還是克梓他娘止住淚水，哽咽著安慰他，說：「回來就好，回來就好⋯⋯」

「我耳畔傳來喚爺爺的嬌聲，抬首看到兩個可愛的孫兒女，近前牽我衣袖，我淚眼婆娑把她倆擁進懷。」維經溼了眼眶道：「媳婦打盆熱水，讓我洗去塵埃，雖是初次見面，他夫妻倆激動高興的笑顏，卻是盈眶淚水，一家人真是悲欣交織⋯⋯」

「天亮之前住在附近的姪輩和堂弟聽到消息，陸續趕來見面。大家相談之下，不勝唏噓，這幾位晚輩和堂弟都是我離鄉之後出生的。」維經說：「咱王家家風不錯，他們對我這大爺（伯父）執禮甚恭，我感到很安慰。」

維經轉頭對忠兒跟恕兒說：「春節之後，我們找一天上墳祭拜你爺爺奶奶。我跪在他們墓前，哭斷肝腸，當年以為只是與母親暫別去讀書，哪裡知道這輩子再也見不到她老人家了連一張母親的照片都沒有……我記得離家去四川求學，你們奶奶身體還很硬朗，而如今……卻只剩一堆黃土……」

「記得小時候，有盲者敲梆子幫人算命，奶奶請到家裡給我算卦，那位盲者，他口中呢喃幾句，說：『這個孩子，宜良出遠門……』母親聽了，垂首尋思一會，心想：『我才這麼個兒子，怎會讓他出遠門呢？』因此沒把這話放在心上。後來我要隨學校南遷去讀書，當時奶奶心裡雖然不捨我離家遠行，但她想起算命所說的話，細細琢磨之後，也就同意了。」維經「唉」的嘆了口氣繼續說：「今次返鄉，年長的族親，為我慶幸，說我當年若不遠行，可能早沒了……」

「春節後，我們到張店探望你大姑，當年能順利考上山東省立第一中學讀書，完全是你大姑和姑丈鼓勵促成。我在四川時，你姑丈就過世了，而今大姑已是白髮蒼蒼的八十一歲老人。想到我們姐弟分別五十幾年，真如隔世，今幸在她有生之年，能團圓互訴離情衷曲，一了心願，只有感謝上蒼的垂憫與恩典。」

維經說家裡姐姐（維經髮妻），在一九八五年（民國七十四）心疼自幼失恃的姪女，因婚姻不美滿而輕生。她愛姪心切，心中一著急，就中風了，嚴重到不能行走，言語不清。經過數月醫療調養，以及克梓夫妻細心照顧後，才慢慢恢復正常，能下床走動，說出完整的語句。

姐姐年近七旬得此重症，除醫療得當，兒、媳倆用心照顧外，應是上蒼垂憫，祖上積德護蔭功德。倘若她因此一病不起，或言語障礙，丈夫返家不能溝通，互訴衷曲，豈不令人扼惋悲嘆！

維經聽家人說，姐姐每年像奶奶在世時一樣，都會為他算卦，問：「此人在不在？」「在」；又問：「此人在何處？」「在南方。」她聽了心中有一絲希望，便放心了。

姐姐是位心地善良的好人，她心疼維經回一趟家，長途跋涉，旅途勞頓，且要花費不少金錢，對他囑咐說：「以後打信即可，不要再回來了……」並要維經轉達她對我的感激，說這二十年來把他照顧很得好，今天她倆才有見面團圓之日。

我聽了維經轉述，深深感動，姐姐在漫長的歲月，艱困的環境，侍奉婆婆安享晚年，代維經盡孝道；撫育梓兒成人，王家香煙得以延續。她為丈夫奉獻一生青春歲月，無怨無悔，這偉大高潔的情操，不是一般女子做得到的，而她做到了；在我心目中，她就是一尊令人景仰的活菩薩！

照顧好丈夫是妻子應盡的職責，不必言謝。從前讀到書上的教示，說：「好女不與人共事一夫」之句，但姐姐是維經結縭妻子，因時代的變遷和命運的捉弄，夫妻五十年乖離，天各一方，不得相聚；是上蒼安排我代姐姐之職，照顧丈夫，她是維經的結縭髮妻，我是與維經有深緣的「緣妻」，我心中坦然，處之泰然，心裡毫無芥蒂。

大姐的叮嚀

維經探親帶回大姐給我的手諭。如後：

弟妹：

家書閱悉，從字裡行間與妳的相片面貌，知妳是一位知書達理的女士，也是一位賢妻良母。弟弟為求學從小離家，東飄西泊，吃了不少苦頭。去台後，多虧妹妳照顧，大姐多感謝妳了，在九泉之下的母親也安息了。

兩個姪子很好，忠厚老實，叫他多學習他爸爸年輕時求知的精神，把學業搞好，今後做大事情。

弟回家是全家盼等幾十年了，心情用語言無法表達。鄰居們都說我有老福，見到弟弟，又有一位好弟妹和兩位姪子。盼望早日見到妳們的心情十分迫切。弟妹家書求的幾件事已辦，因年老把弟的生日忘了，十年前還給弟弟算卦來，現在怎麼也想不起來了，真對不起。

我雖八十歲，但身體很好，孩子們對我照顧很好，生活很好，請放心。今後妹若有什麼事，需要什麼東西，請來信，找人捎去。弟弟和兩位姪子就拜託弟妹了。

姐敬上

一九八九二月二十日

維經帶回維蘭弟妹給我的信。如後：

嫂嫂：妳好，兩位姪兒好。

今次大哥回到離別五十餘年的老家，全家團聚，老少高興。大哥捎來毛線衣，我已心領了。先向嫂嫂道謝。同時見到大哥身體健壯，實有嫂嫂精心照料；並得知二姪讀書上進，都虧了妳，我及孩子們都向妳表示感謝。

嫂嫂，我們都是婦道人家，都是為王門盡心盡力操勞，上孝老人，下教子女。

大哥收到家信後，嫂嫂多方準備大哥回家之事，時值春節團聚之時，更感激嫂嫂的為人，妳的才德，實在我與家嫂之上，孩子們更為敬重妳。

現在我全家都挺好，生活沒有困難，孩子孝順。現有四個孫子，一個孫女，並有一曾孫，可謂子孫滿堂，可算是知足常樂。家事暫不敘了，請由大哥轉述。

我盼望之事，就是妳和大哥帶著二姪來家一趟，我們見上一面，但願能早日有那麼一天。

信至此，再次向嫂嫂致謝。

祝全家安好。

弟妹 **王畢氏**

正月十五日

維經同時帶回兩姪——克謙、克和兄弟給我的信。如後：

伯母：時值新春之時，先向伯母問好，二弟都好。

我們盼望伯父回家的厚望終於實現了，又逢春節之時，我們非常高興，實在是用言語難以表達。我自小沒和伯父見面，內心有說不出的親熱，在此期間也很想念您及二弟，其親的根由可謂一樹同根吧！伯母很能體諒姪兒的心情。

伯母：多少年來，我等兄弟，只有母愛，沒有父教，實在是體諒到了創人創業的艱難，往事不可重提。今次伯父回來，支撐我王家門戶，同時遵從教誨，對我們有很大好處。

伯母：多少年來，家中伯母和母親和睦相處，孝敬奉養兩位祖母，撫養我兄弟三人，給我們成家立業，飽受人間貧困之苦。五十年伯母苦守，終有今日，實是上蒼有眼有感。又時逢您在伯父動身前的多方照料，及早到家，您對咱王門有恩有德，可喜咱王門有您這麼一位有德有才，通情達理的長輩，姪兒深表感激。

附致克忠、克恕兩弟：我已年近五十，棄學三十年了，飽嘗有志不能求學之苦，只能把希望寄託在孩子身上。

伯父回來，我才得知二弟情況，望二弟體諒二老「望子成龍」之心，珍惜良好環境，寶貴的時間，發奮求學上進，爭取學業有所成就，繼咱王家書香人家，以壯門庭，恕兄直言不諱。切記，切記。同時我等兄弟一樹同根，其親自有，二弟牢記老家是一個大家族，互相關注，經常通信，有條件時及早見面，兄胏腑之言，雖直而親。

伯母，二十年來，您在外治理一個好家庭，我們感激不盡，在此同時多麼盼望您能帶著二弟隨伯父回到老家，合家相聚，暢敘家話。最後

祝您一切順心，萬事如意

姪 **克謙**、**克和**
正月十五日

讀罷姪兒文情並茂，充滿親情孺慕的長信，我的感觸很深。我的先祖在兩百多年前，背著祖先的金斗甕（骨骸）渡黑水溝遷徙到台灣定居。我是百分之百，土生土長的台灣客家人。因緣際會，與為避國共內戰之亂，千里迢迢，漂洋過海來台的維經結為夫妻。這是前世注定的姻緣。

我們在此成家立業，繁衍後代，平靜安定生活了二十年。維經在離家五十二年

之後，始有機會回故鄉探望親人。而我這個伯母在姪輩心目中與立場看，竟是生活在外的親人！這讓我內心產生莫名的錯覺，老實講，一時還真難以確定，我到底是在「家」生活？還是在「外」生活呢？而維經他是個不折不扣的「遊子」。

此心相照

玫香給大姐的回函，如後：

大姐：妳好，孩子們都好。

拜讀手諭，蒙大姐誇讚，令妹汗顏，愧不敢當。今生既進王家門，理應盡本份。且以此觀家裡姐姐，她一生為夫克盡孝道，對上奉養母親終老，對下擔負撫育教導兒孫之重任，何等艱鉅感人！妹實在渺不足提也！何況數十年大姐思念弟弟，手足情深，愛護家人，姐姐不遺餘力，大恩大德，妹銘記於心。

經哥于二十三日晚，七點多平安抵家，翌日即上班。因感冒咳嗽，又連日同鄉電話詢問家鄉事，故不克立即修書報平安，尚祈大姐見諒。今咳嗽漸癒，祈勿掛念。

此次經哥回老家探親，蒙上蒼保佑，一切順利，實現五十多年思親念鄉之夙願。惟憾母親已逝，未能重見慈顏，以盡菽水之歡。維蘭弟和于文哥也已故去多年，今生欲重敘離情之願，亦落空矣！可喜大姐妳身體健朗，樂觀知足。甥兒、媳婦皆學有專精，事業順遂，奉母至孝，孫兒女亦成大器，一家和樂過日子，我們都好高興。

經哥在老家承鄉親鄰閭，盛情款待。大姐和甥兒媳捎來豐富珍貴禮物，在此向大姐道謝。妳兩姪也迫不及待，想見到親姑姑和表兄嫂。日後如能探親，妹一定回家拜見大姐，俗云：「長姐似母」，見到大姐亦如見到母親，願天從人願。謹此　祝

大姐

福壽綿長，身體康泰！

弟妹　**玖香**敬上

一九八九年二月二十八日

玖香給維蘭弟妹的回函。如後：

弟妹：妳好，孩子們都好。

大哥別家五十餘年，今日能夫妻、父子、姐弟重逢團聚，多虧弟妹鼎力相助，妳的大恩大德，我會永遠銘記於心。

大哥于二十三日，平安抵家，翌日即上班。只怪我平日不善經營，以致拖累他，以退休之年，猶須為家計奔波，我內心惶愧難安。

自獲梓兒家書，確知家人皆仍住老家，大哥即決定返鄉團聚，重敘天倫。我白天上班，這兩年晚上到夜補校進修，平日幾無空暇娛樂。大哥行期日近，倉促之間，沒法子準備周全，千里鵝毛，略表寸心，不足言謝，疏漏之處，尚祈海涵。

二十多年來，大哥常提到維蘭弟，知他兄弟二人自小感情契合，分別五十二載，關山阻隔，音訊杳然，遺憾今生無緣再見。幸喜維蘭弟賜一子予他傳承香煙，承歡母親，家裡姐姐期望有寄；這莫不是冥冥之中，上天自有的安排？我倆非常感恩弟妹割捨骨肉之恩。

讀梓兒家書，孺慕情深，溢於紙墨，令人動容。見他相片，五官端正，眉清目善，忠厚而篤實，對長輩盡孝思；媳婦香浦淳樸勤勉，全家高興，有子如是，多虧弟妹和家裡姐姐，平日教導之功，我除感謝之外，由衷敬仰，但不知何日方能如願返鄉拜見二位。

最可安慰者，家裡現在生活很好，妳也兒孫滿堂，苦盡甘來，晚福綿長。我雖忝為大嫂，然人生閱歷淺，今後還盼多多賜教。

數十年來家裡姐姐，承妳照顧很多，我和妳大哥心中的感激，誠非筆墨所能表達於萬一；願我們王家妯娌，世世代代，親如姐妹，和睦相處，相互關愛。

耑此　　祝妳

身體健康，萬事如意

嫂 **玖香** 謹上

一九八九年二月二十六日

誤入泥淖

維經探親歸來後，梓兒來信說，老家環境老舊，他打算拆了，在原地另起新屋，日後爸媽來家住著舒服些。

維經返台才三個月，大姐不幸於五月初，無疾而終。維經聞耗，悲痛大哭：「我再也見不到疼我的姐姐了……」可嘆啊！我也無緣見大姐一面了，兩個孩子也永遠見不到親姑姑了。

這年暑假，維經自服務的私立學校退休。忠兒如願考取全公費的「台北市立師範學院」就讀。

梓兒每來信，頻問媽媽何時能來家一趟？他說媽媽的工作受限，若不能回老家，他夫妻和表兄嫂可到第三地——香港，與媽媽會面。

維經既已退休，今後無所羈絆，理應多返家鄉陪伴老妻才是。他想梓兒蓋房子需要經費，家裡雖儲蓄無多，仍決定提供些許資金奧援。我們婚後一直住在狹小的公家宿舍，同事的親戚在中壢蓋樓房，維經大膽以儲蓄的一半，訂下一戶預售屋。想說哪天政策改變，公家若收回宿舍，不致沒有遮風避雨之所。

就那麼巧，他一位楊同學向他介紹一家投資公司，建議他可把身邊的積蓄投入，乾領利息，存錢比較快，維經聽了躍躍欲試。把身上僅有的積蓄，再賠錢賣掉一些股票，湊足一個數目（一百五十萬元）投入，每月可領六萬元利息。他天真地想：這樣要幫克梓蓋房的資金，和付預售屋的貸款就有來源了。

這家投資公司，當時已露敗象，我認為不妥，極力反對，但他一廂情願，沒有考慮後果。我很著急，嚴詞警告，此舉會把咱家推向萬劫不復之地！請他三思，切勿盲目跟進。

結果——很慘！只能說是「命該如此吧！」維經忽視妻言忠告，堅持己見，一頭栽入，三個月後，這家公司即像土石流般崩潰，一洩千里——倒閉了。眾多投資者，皆是老兵和公教退休人員，二十多萬人受害，一時哀鴻遍野，很是淒慘。政府卻袖手旁觀不管，受害人求償無門，徒呼奈何？

經此打擊，我們再度陷入經濟困境。維經一心要提供資金幫家裡起屋的心願，一夕化為烏有。而要命的預售屋，像催命似地，每月要繳貸款利息，逼得我幾乎想上吊，以求解脫，但是一想到臥病在床的母親，我是萬萬不可做傻事。我幾度半夜起來，在客廳面向南方，跪求慈悲的觀世音菩薩，保佑我心平氣靜，把錯綜紛亂的家事，一件一件整理清楚，早日走出困境。

梓兒與外甥每封信，都盼我回家鄉與家人見面，說我若不能赴陸，他們可到香港與我見面。他倆真誠懇切的期盼，令我十分感動，也很著急。心忖：在香港會面，僅能見到他們兩對夫妻，我若回鄉則可與所有親戚見面。直到民國八十年（一九九一），政府終於開放公家機關的行政人員，可赴大陸探親了。

當時母親在正月二度中風後，情況非常不樂觀，我若在此時赴大陸，萬一她老人家有個風吹草動，該怎麼辦呢？後來想想，人生的一切，似乎命中自有定數，不是凡人可預知或扭轉的，遂把心一橫，決定利用春假，加上休假共十天，隨夫返大陸探親掃墓。

隨夫返鄉

我們決定日期行程後，辦妥台胞證，維經即訂機票。不料，忽接人事室職員來電話告知，他說：「劉小姐，妳不可利用春假出國⋯⋯」維經是位守法的老實人，猛一聽我不能出境，立即把機票給退了。那時開放探親才三年多，每年清明節返鄉掃墓的老兵，都集中在這寶貴的時段，機票很難買。

事後，我越想越不對，政府既已明文開放行政人員可赴陸探親，為何不能利用春假？我即打電話請教教育局相關人員，得到回應說可以，但去無妨。因之前已把飛青島及回程機票都退掉了，維經速與旅行社聯絡，重訂機票。旅行社人員回電：「三月二十九日，去程在北京下機，四月七日回程在南京上機的票，剛好有兩張，可以接受嗎？」維經馬上訂妥。

因學校職員不諳作業的疏失，我們只能接受這種不順暢的行程。三月二十九日下午，我倆在啟德機場轉機，行李已搭上飛機，卻因返鄉旅客太多，我們被安排搭下一班飛機。抵達北京機場時，已是晚上八點多了，足足晚了三個小時。入境時看到克梓和孫兒，焦急的在入境口張望。克梓曾問機場人員，為何行李到了，卻見不到人？令他惶恐不安。當見到我倆時，他臉上綻開歡喜的笑容，親切說：「爸媽辛苦了。」世壯孫見到爺爺，大聲喊：「爺爺，奶奶！」我立即牽著他的小手。

克梓轉身去喚回，正往台北打電話的外甥——耜慶，我們見了面，他遂放下心中的憂慮。外甥再撥電話給台北的表弟——克忠，告訴他舅舅和妗子到了。他前一通電話是問忠兒，舅舅搭幾點的飛機啊？忠兒說早上八點目送爸媽上飛機，回家後一直守在電話機旁，不敢離開，一直等不到爸媽到達的電話，他也心慌，忐忑不安，這會兒見了面，大家都放心了。

我和克梓、耜慶雖是初次見面，但完全沒陌生感覺，感到非常親切。我們五人遂到餐館吃晚飯，飯後到下榻處，聊得很開心，是晚住在耜慶公司的招待所。

翌日梓兒父子與耜慶，陪我倆參觀故宮「紫禁城」，我認為假期有限，應立即返山東老家，勿在路上擔擱。梓兒說，媽媽難得到北京來，趁此機會，順便玩一天再回家吧！

那天北京的天氣晴朗，遊人不多，拍照取景很方便。經過九龍壁時，看到地上結了一層薄冰，原來是二十七日那天，北京剛剛下過一場雪留下的。

三十一日一早，耜慶的座車載著我們的行李先行，出發往淄川。梓兒心細周到，讓二老多睡一會兒。吃完早點後，於十點才動身。司機在一片如蜘蛛網般交錯的外環道，來回繞了兩圈，老轉不出去。克梓說往天津方向走就對了，司機找到往天津的指標，終於繞出去了。經滄州、德州往南走。

中午找家飯店吃飯，飯後繼續往南走。約莫四點多鐘，我忽感頭暈眼花，渾身冒汗，身體軟綿無力，還想嘔吐，痛苦不堪。在台灣如坐長途汽車，我必定在肚臍眼上下，各貼一片「沙隆巴斯」以防暈車，今天心情好，出發前竟然忘了這妙招，以致如此狼狽。天暗後車抵張店，梓兒說先到表哥家歇一會兒，舒服些再走，到了那兒才知耜慶尚未到家。

在張店，我見到外甥媳——端琴和她一雙兒女。外甥孫女很貼心，親切扶我到臥房，鋪上電毯，說：「舅奶奶，安心歇一會兒吧！」（後來才曉得耜慶的座車，在路上拋錨擔擱了，以致先發未至。）

我躺了約莫半個多時辰，起來時，腦袋瓜仍迷迷糊糊，還搞錯方向，走錯門呢！

上車後開了快四十分鐘，終於到達維經老家「大鴦橋村」，在昏暗的路燈下停車。我們轉入巷子，看到許多人聚在那兒等待，忽聽到有人喊道：「來啦！來啦！」我頭昏眼花，像喝醉酒似的身體搖晃。一位婦人朝我喊聲：「大娘！」快步前來扶我走向眾人，一群人圍著我遂往院子移動。跨入院門又有人來扶我，我一腳高一腳低踏入客廳，聽到維經在後面，跟大家解釋說：「她暈車啦！」

屋子裡面非常暖和，看到滿屋子的人，老少都有。我聽到有人朝我喊：「大娘、大嫂、媽媽、奶奶……」我被扶進臥房，在沙發上坐下，喝一杯熱茶，通體舒泰；立刻有人打一盆熱水來，親切說：「大娘，洗把臉吧！」

洗過臉後舒服多了，這才看清楚坐在旁邊沙發上的兩位年長女性。長相福泰那位，白髮皤皤，一臉慈祥，含情脈脈地望著我直笑。啊，她是姐姐！我起身要向她請安，她卻走過來按住我肩，溫和地說：「坐著，歇會兒。」姐姐身旁那位展笑顏的長者，相貌細緻，她欠身微笑喊我：「大嫂」，啊！她就是維蘭弟妹——梓兒的生母。我們姐妹、妯娌終於見面了，這真是溫馨難忘的一刻，感恩祖上庇佑，我們一家人終於團圓了。

老家是一個大家族，族親眾多，除姐姐和維蘭弟妹，以及三位比維經年輕的堂弟是平輩外，其他全都是排行「克」字的晚輩；幾位較年長的姪輩們，年齡與我相近。他們都一臉忠厚樸實，親切有禮。我和維經回家，他們趕來探望問安，讓我感到非常溫馨，滿懷歡喜！

翌日，梓兒說，爸媽連三天趕路挺累，今天讓二老待在家裡休息休息，明天再上墳祭拜祖先。

昨晚充份休息後，隔天精神挺好。早餐後，我踱到院子瞧瞧，這才看清楚梓兒新屋的整個輪廓。這棟坐北朝南的屋宇，客廳在中間，左邊有大小兩間臥房，姐姐住朝南較大的房間。右後是廚房和衛浴間，廚房外面燒煤炭爐子取暖，上面坐一個大茶壺，隨時有開水沏茶；前右一大房，裡面有茶几、沙發——客臥兩用。客廳前面走廊，另加裝一排透明玻璃窗，既多一層保暖功能，又可隔音。溫煦的陽光透室，屋裡亮敞，暖如春天。我不禁由衷讚嘆，克梓設想周到的完美設計。

時序已屆清明，外面薄陽忽隱忽現地，在台灣長大的我，可是第一次領受這北方乾燥淒冷的氣候。我內穿厚毛衣，外罩呢絨大衣，頭戴仿毛絨帽，仍感到冷透骨髓。客廳門前台階兩旁的綠色植物，一株是象徵多子多孫的石榴樹；另一株是喻意福壽綿長的長青樹。院子左邊尚有一屋閒置，裡面堆放家用舊器物。大門外是一條南北向長巷，巷子盡頭就是大街。

環顧這棟梓兒親自設計的新屋，與照片裡維經初返家門時的老屋，裡外有天壤之別。梓兒天資聰穎，深具慧眼，行事果決，為了讓辛苦一輩子的母親住著舒服，也盼爸爸能常來家陪伴母親的一番孝心；他以積極的行動，籌劃完成這座質樸溫暖的屋宇，令父母親感到非常安慰。

我正欲進屋去，維經說：「我陪妳去看看咱家的原址。」出了大門右轉往北走，就在咱家新屋旁，尚有一大溜完整的紅磚牆面，再往前走，維經手指一老舊橫屋，他說這是咱家最後一進的建築，也就是娘住的「北屋」，此屋輪廓尚屬完整，但門窗已殘破不全。我朝屋裡勾頭瞧，看來並無人居住，屋前空地長滿及膝雜草。

繞過北屋朝東走到盡頭，再由此轉向往南的長巷，我約略暗數步數，由北至南約有一百多步深，這邊就是大街了。維經說他第一次返家時，依稀記得咱家大門樓的位置，卻找不著。白天出來看，才發現門樓已不存在，現址卻蓋滿房子，都是不相識的人住著。而咱家現在的房子，只是大門樓裡右側一隅而已！維經說著不勝感傷，牽著我的手說：「咱回家吧……」

今次探親，只有短短十天假期。除去搭機轉機，以及在北京參觀，和趕路回淄川，這就耗去三天；第七天還得趕往南京取回程機票，待在家裡與家人相聚的時間，實際上只有短短的三天而已，真的太倉促了！

她是活菩薩

趁今天在家休息，我得及時把握住這難得的時光，到姐姐屋裡與她話家常。因為她六年前中風後，行動說話有些緩慢。這位比我年長兩輪，可以做母親的姐姐，十九歲來歸王家，不滿一年，年少的丈夫即遠行至四川讀書；抗日勝利後，維經回東北大學校本部完成學業。之後，不幸因國共內戰，膠濟鐵路中斷，他有家歸不得，令他悵然失措；豈料他又被命運之手，推向海的那一邊島嶼——台灣。

這長達五十一年，夫妻兩人天各一方的乖離，她是怎樣撐過來的？她對婆婆敬奉的孝心，和愛丈夫堅定的心志，從不動搖，她苦苦等待了半個世紀，令人尊敬，復叫人心疼。

民國四十一年（一九五二），為了王家後繼有人，她勇敢領養克梓入嗣。婆婆終老，梓兒成家，生兒育女，王家始有後代傳承。她這高潔的情操，堅忍的意志，令人為之動容，人人欽敬。

她等到地老天荒……所幸蒼天有眼有感，菩薩見憐，沒在中風時帶走她，讓她等到遠行五十多個春秋的——少年丈夫老歸來，她失去的青春年華，獨守空閨的寂寥，總算有了安慰和彌補。

看她笑咪咪，慈祥地望著我，眼眸溫潤，充滿憐愛；姐姐生性內向，神情有些靦腆，她欲言又止，卻不時嘆息。我輕聲問：「姐姐，妳嘆氣，是因克梓他爹爹是嗎？」

她忙擺手，說：「沒事，沒事。」

我握緊她溫厚的雙手，說：「姐，妳是否胸口不順暢，嘆口氣，胸口才舒服是嗎？」

她撫胸低聲說：「是啊！」

我挨著她坐下，左手環肩緊擁她，心中不由嘆道：「姐姐，妳辛苦了，委屈妳了！」不禁眼熱喉哽，不能自已。她起身牽著我的手，走向床榻，說：「咱倆歇歇吧！」我遂與她並排，雙雙躺下，兩手緊握。

這時，我忽然有種奇妙的感覺，其實我倆好像是一體的，她即是我，我便是她。她我兩人，今生今世同為一個人而活；一個為他苦守一生，一個為他操勞奔忙半輩子。我們兩人默默接受命運的安排，無怨無悔，人生道上雖崎嶇，坎坷難行，一路走來有淚也有歡愉，感恩上蒼的寬厚與憐憫，結果是甘甜的。

晌午時分，姐姐岳店娘家五個姪兒，和她的胞妹母子；以及張店的大姐家外甥耜慶姐弟，住暖水河的二姐及其子女；還有兒媳香浦的母親、兄弟們歡喜來相會。我一下多了好幾種身份，姪甥們親切喊我大娘、大姑、姨、妗子、親家母……一屋子笑容洋溢的親戚，齊聚一堂，熱鬧非常，樂得姐姐笑呵呵，開心極了。

四月二日上午，梓兒夫妻備妥祭品和紙錢，陪二老上墳掃墓。維經說這裡並不是最初祖先的墓園，他記得祖先的墓園規模寬廣，周圍柏樹森森，眼前咱王家的墓地已分散多處了。對著簡單的墓塋，我們舉香恭敬禮拜，雙膝跪下，雙手合十，虔敬誠摯祭拜公婆在天之靈安息，做一個兒媳婦應盡的孝思與心意。

傍晚，兒媳香浦陪我去大澡堂沐浴。晚上就寢前，孫女——莉莉，她得意洋洋對我說：「奶奶，我同學來家，看到您，都說奶奶很樸實，和藹可親。」我把她攬入懷抱，微笑說：「是麼？」莉莉撒嬌對我猛點頭。

三日是在老家的最後一天，哪也不去，我們一家得好好珍惜，把握這寶貴的時光敘懷相聚……。

四日一早，梓兒包一輛麵包車，香浦和世壯孫同行陪我們去濟南。我和維經與姐姐臨別依依，維蘭弟妹和梓兒兄嫂都來送別，姐姐就勞弟妹和姪媳們陪伴照顧了。姐姐送我倆到大門外，我十分不捨，與她握別時說：「請姐姐保重身體，明年經哥再回來看妳……」姐姐聽了點頭。

維經手撫著她肩低語，再三叮嚀，才從後面跟上。我走幾步再回頭望，看姐姐孤伶伶地站在那兒，真是感慨萬千，不禁潸然淚下。維經若不是為陪我搭機，他是該留下多待些日子。

維經事前已約好，要到濟南看維絡堂弟。當日克增姪夫妻與我們同行，他倆是到濟南走親戚，順道有伴。

維絡他和女婿住在同棟樓房，另一克桐姪也趕來相會。他帶來一只典雅的陶製筆筒，和一個荷葉型雕刻的青硯。說兩件古物都是傳家之寶，要送叔叔作紀念。我們的行李已飽滿，筆筒體積太大實在塞不下，我們接受體積較小，卻很重的雕刻石硯。

維經與維洛他兄弟倆於民國三十五年，自西安一別後，沒再見過面，兩人有聊不完的話題。我們在維絡家吃午餐，下午五點，我們告辭，拖著行李到濟南車站，搭六點夜車到南京。維絡和他女婿送到車站，兄弟倆久別重逢，難分難捨，竟至忘情一同上了火車。我提醒說：「車快要開了，兩位下車請回吧！」俄頃，火車滑動，倉促之間，他翁婿倆來不及下車。只得到下一站「泰安」下車，再搭回濟南的車，到家可能半夜了，維經為此感到很不好意思。

梓兒很貼心，為二老買了臥舖票，他夫妻倆和孫兒則坐普通硬座。世壯孫兒已五歲，媽媽抱著他，肯定累壞，夜裡兩點，我起身到普通座車廂，換兒媳和孫兒去睡臥舖。

六點天亮時，火車抵南京車站。從蘇州趕來相會的克順姪，已然等在出口處引領翹望。克順姪和維經自民國三十五年在徐州別後，今日始重逢，叔姪倆見面，激動得緊緊擁抱，恍如隔世，不勝唏噓！

他人很客氣，帶來五面蘇州有名的「雙面綉」相贈，我們很感動。一面託我們帶回台北，送給維基族叔。後來聽梓兒說，這雙面綉很貴，是高級藝術品。

我們一同坐車到「虎踞路」，把行李放在「雙門樓旅館」，即去航空公司，取南京至香港的回程機票，這才放心在南京城走走看看。我們一行六人先到紫金山拜謁「中山陵」，對孫中山先生陵寢，恭敬鞠躬，表示敬意。出來再去有名的「雨花台」。晚餐後，克順姪與我們握別，依依不捨回蘇州去了。

克順的親哥是維經的小學同學，克順姪頭腦靈活，思緒縝密，很會做生意。在台灣維經常思念這個兄弟般的賢姪，望著他離去的背影，維經不無惆悵之感。

夜宿雙門樓旅館，大家累睏了，晚上都睡得香甜。翌日我們到「玄武湖」和「夫子廟」等觀光景點瞧瞧，吃過晚飯回旅館。再住一宿，天亮後就要分別了，待孫兒入睡後，我們和克梓夫妻聊得很晚不捨就寢。

梓兒很感性地跟我表示，他說：「我娘一直很感謝媽媽，說這二十多年來把父親照顧很好，她和爸爸兩人才有重逢團圓的今天，要我向媽媽致謝。」我囑咐梓兒轉告，請他娘不必放在心上；照顧好丈夫，是作妻子應盡的職責，不必言謝。媽媽才更應感激她五十多年來，對家裡無怨無悔的付出，我打從心裡尊敬她，盼她身體康寧，福壽綿長。同時也感謝香浦兒媳，盡心盡力照顧婆婆；我說你夫妻倆的孝心，有目共睹，將來會得到福報。

香浦聽了直說，這是我們晚輩應該做的。

四月七日，早餐後趕到「虹橋機場」搭機到香港轉機返台北。克梓夫妻和世壯孫，待我們辦妥登機手續，才依依不捨揮手離去。他打算在南京玩一天，再坐夜車返家。

下午四點多，我和維經安抵中正機場。

第一次隨夫返鄉探親，掃墓祭拜祖先的心願，終於圓滿完成。雖然來去匆促，但能夠與眾族親見面，歡聚一堂，也值得了。熱鬧的場面，溫馨的氣氛，親情的慰藉，家族精神的凝聚，在在都令我感動在心。今後維經應在姐姐身體健康時，多回鄉陪伴她，讓她內心感受丈夫的溫情慰藉，也就不枉此生了。

從沒出過遠門的我，生平第一次赴山東探親，因學校職員一時的疏忽，讓我夫妻返鄉探親的路程倍加曲折，短短十天之內，忽北忽南，耗掉與家人相聚的寶貴時光。豈知這或許是上蒼刻意的安排吧！讓我初履大陸在短短十天之內，達成掃墓及與家人團聚的心願；更驚嘆的是我國兩大故都——北京和南京，兩京我都幸運參訪親澤了，這意外的際遇和收穫，可不是人人得享的！不是嗎？

我從大陸探親歸來之後，母親不幸於五月十五日（農曆四月初三）往生矣！我很感恩母親等我回來，讓我送她到極樂世界安息。

八十一年端午節前，維經一人返鄉與家人團聚。這年暑假，恕兒自世界新聞專科學校畢業。九月即入伍，服兩年義務兵役。

翌年中秋，維經第四次返鄉探親。

鄉下起屋

多年前，我們和三弟——邦相，在新竹芎林老家附近，合買兩百坪林地；其中一百零八坪是建築用地。三弟兩個兒女漸長，老家的房間已不敷使用。這年春，他即決定起新屋，搬出老家，自立門戶。

因是合買的連名建地，兩人合著蓋連棟雙併的造價，比單獨蓋可以節省一些錢。我們決定出工錢請師傅蓋，自購建材，貨真價實比較划算。我們雖無足夠經費起屋，也應與弟弟同步進行，才合情理。

三弟積極籌措起屋基金，待起屋申請核可下來，他與沖沖跑去向政府有關單位，申請起屋貸款。豈料該單位官員說，你買預售屋，才可申請貸款，自地自建的不能申貸。三弟聽了氣炸，心想我就是無錢購屋，才利用自己的地蓋啊！真是豈有此理！

這算是什麼政府？哪門子政策？專門圖利建商！

我們都因沒有足夠的經費，因此蓋屋進度非常緩慢。三弟妹自我安慰說：「慢慢蓋沒關係，待過年我倆領到考績獎金和年終獎金，就有錢運用啦！」

恕兒隨父返鄉

八十三年暑假，忠兒自「台北市立師範學院」畢業。九月分發至「台北市立信義國民小學」實習一年，實習合格才算正式畢業。

這年七月，恕兒役畢退伍，拿到退伍令，即辦理台胞證，和父親倆結伴返鄉探親，掃墓祭拜祖先。這是恕兒首次見到父親的髮妻，他挺懂事，隨長兄克梓一樣，稱她——娘，讓善良內向，和藹仁慈的姐姐樂開懷。

恕兒拜見三位堂叔和維蘭嬸，並與眾族親見面，歡聚一堂。耜慶外甥之子——研群的年紀與恕兒相近，年輕人很談得來，他樂當導遊陪表叔暢遊北京長城。恕兒在學校是學攝影的，他趁此機會，拍了很多珍貴的古建築照片，收穫頗豐。

回鴛橋後，克梓夫妻陪父親和三弟，遨遊東嶽泰山等名勝，珍惜兄弟親情凝聚，與家人盤桓兩週。返台後，他積極找工作，幸運進入一家私人傳播公司，擔任攝影工作。

貴人相助

起屋後，某次須付一筆四十多萬的材料費和工錢。我的薪資才兩萬出頭，維經已沒有收入了，我每個月還得負擔他一仟一百多元的公保費。說來這也是政府的一大笑話，維經退休之前，公保費每月繳七百多元；他退休後已無分文收入（他沒領十八趴），公保費卻每年隨現職人員調薪調漲，真豈有此理。

忠兒大學尚未畢業，恕兒的工作剛起步，薪資微薄，都幫不上忙。我這一生從未向人借過錢，但為了這四十多萬元龐大的數目，我只有厚著臉皮，向一位做生意的長輩開口借伍十萬。他在電話那頭說，我們做生意要備周轉金，待他查查帳上有無餘錢可用，再通知我。

十多分鐘後，長輩回電話說，只有四十萬元，問可以嗎？並叫我把銀行帳號給他。

下午我到銀行刷存摺，四十萬元已匯入。讓我大大鬆口氣，好感激這位長輩及時伸出援手，助我度過難關。

維經尚未加入投資公司之前，我們在中壢購買預售屋除了自備款一百二十五萬元外，還貸款二百肆拾萬元，但是後來我們付不起每月近12％的高額利息，在母親生前十天將房子脫手。我專程到新竹的「竹蓮寺」祈求觀世音菩薩保佑賣屋順利，觀世音菩薩疼我，我五月一日去求祂，五月五日就與買方簽約成交。除掉貸款利息和稅金等其他開支，算一算倒賺了二十五萬元。這也或許是在冥冥之中，菩薩慈悲的巧妙安排，當年未投入投資公司之前，訂了這棟預售屋，我們才保有這一絲元氣。

我們將這筆錢做了三張各伍十萬的定存單，但若中途解約，則所有利息歸零。晚飯後，我寫好一張借據，蓋上私章，將那三張定存單和一些零星股票，一併帶去讓長輩過目，他就了解我們的難處。

蓋房三年當中，我連續抽中好幾張股票，意外賺了一些，正好貼補。更僥倖的是，維經當年為投資，賠錢賣的幾張股票所配的股子，也賣了三十幾萬。此其間維經幫人介紹賣房子，收到二十幾萬仲介費。那些意外之財，我都認為是觀世音菩薩所賜予的，真是感恩啊！

某次我幸運抽中兩張股票，須繳捌萬元，但我的存摺裡已無餘錢可繳。維經把我的名字和身份證字號、地址填上繳款單，持去找一位他高中教過的優秀學生——陳妙妙女士。維經有些不好意思，對她說：「妳師母抽中股票，因家裡正在蓋房子，無錢可繳，所以……」

善良的妙妙，接過去看了一下，二話不說，立即開一張十萬元的支票給老師。後來這兩張股票出脫後，淨賺四十八萬元，這對急需用錢的我們來說，可真是大補帖。

兩年後，我們湊足十萬元，還了這位大恩人。慈悲的妙妙活菩薩，維經去還錢時，她還孝敬老師一盒，時價三萬元的韓國「天字號」老蔘。我倆不知要如何向她表達最深的謝意，只有誠心祝福她家庭和樂，幸福綿綿。

原來如此

年底維經突接到學校通知，要他寄郵政儲金帳號，給出納組，說是匯款用。

原來，當年政府實施國內「十大建設」時，所需經費向盟邦「沙烏地阿拉伯」貸了龐大的鉅款。十大建設完成後，政府為了要還這些貸款，便要求民國七十三年之前退休的公教人員，不管是一次退或月退以及資遣者，其退休金四分之三須被政府先扣下還債。難怪維經當了三十年教師，才領到區區八十萬元退休金而已。

政府在孫運璿擔任行政院院長時，公教人員連年調薪，屆退人員政府全額給付。維經一同事七十四年退休，領到全額退休金四百多萬，相形之下，眾多早期退休的公教人員，因沒領到全額退休金，生活越來越艱困，覺得太不公平了。因此群起發動抗爭，向政府討回被扣的退休金。

八十四年，李登輝執政，當年經國先生留下輝煌的政績，和豐厚的外匯存款，當時人稱「台灣錢淹腳目」的大好時期，政府沒果斷處理還錢一事。李登輝是個心胸狹隘，沒有同理心的人，他只願歸還我們15%退休金，且分三年攤還。維經是簡任五級職，於民國八十四年十二月，第一次領回十一萬二仟八佰伍十元。其餘85%約兩佰萬元，從此政府再也沒還一分一毫。

三年共領回三十三萬八仟伍佰伍拾元退休金，我立即用這些錢去買餐桌椅、沙發和床組、廚具等。這幢剛蓋好的空殼屋，始有「家」的實質感和溫馨的氛圍。我跟孩子講，爸爸沒有錢置產，也沒有存款，是因退休時沒領到應領的全額退休金。其實他與同時期退休的公務人員一樣，是被政府強迫貢獻養老活命的退休金。

這年暑假，忠兒實習結束，即入伍服兩年兵役。

八十五年，元旦吉辰遷入新居。維經感恩說，這棟房子是「菩薩所賜予」的，我也認為是菩薩送的。中秋節前，維經第六次返鄉探親，長住一個月。

忠兒服孝

民國八十六年，維經原打算等忠兒七月退伍，帶他回鄉探親。未料六月梓兒來電話，說他娘病重啦！我一聽便要維經與旅行社聯絡訂機票，先回去看望姊姊，不必等忠兒退伍，等忠兒拿到退伍令，辦了台胞證再獨自前往。很遺憾，維經買機票時，才發現他的台胞證已經過期，得重新申辦，一時之間趕辦不及，就這麼一擔擱，家裡姐姐就辭世了。

每年農曆年前，我都會看黃曆做參考，看全家人的運勢，以及須注意哪些事。我翻到忠兒的屬相，上面寫道：「有孝服」我心中一愣，畢竟他父親已是七十七歲的老人了，因此，我有些憂慮。翻看恕兒屬相，卻沒「孝服」兩字，想自己多慮了，因此沒把它放在心上。

待維經父子趕到老家，姐姐已老去一個多月了。維經沒趕上見老妻最後一面，悲慟難抑。梓兒擇日，把母親的骨灰安葬祖墳。

姐姐一生沒有生養，身後卻有三個兒子，長子克梓和忠、恕兩子。克忠晚來一個月，沒見到慈祥的姐姐，可趕上為她披麻戴孝，送上山頭，盡一個作兒子應有的本份和禮數。

姐姐在困苦艱難歲月，固守家園，奉侍婆婆終老；含辛茹苦撫育梓兒，咱王家香煙得以傳承延續。她對婆婆克盡孝道，對丈夫堅貞不移的高潔情操，感動了天地，蒼天有眼，祖上庇佑，讓她在垂老之年，夫妻得以重逢團圓；得有這圓滿的結果，享壽八十晉一，是她無上的福報，相信姐姐也應含笑九泉了吧。

民國八十七年七月，公共電視台開播，四月間開始招考技術人員，恕兒幸運考取攝影師一職。七月初與另幾位工作人員奉派出差，遠赴法國亞維儂拍攝——一九九八年「亞維儂藝術節」活動。國內也派多組藝術團參加，共襄盛舉，表演令人激賞的「美猴王」，三週結束返回。

隨夫二次返鄉

這年十一月中旬，我與維經再次返鄉，距八十年春返鄉之後，已有七年之久了，也是姐姐往生後第一次回去。

到家看到維蘭弟妹和兒媳、姪媳們聚在大門口相迎，少了一位親切的「姐姐」，心中頓感失落，悲戚之情油然襲上心頭，鼻頭一酸，不禁掩面而泣。進了溫暖的屋裡，仍悲痛難抑，淚流不止，弟妹和兒媳們也難過得垂淚嘆息！

這一生我和姐姐，僅僅見過一次面，在她生前若能再回來看看她，該多好？也少些遺憾。但是，想想那時家裡起屋時的窘狀，實在辦不到……怎不令人頓足扼腕！

梓兒做事很細心周到，每次我們回來，他會先問爸爸，在家能待多少時日？再仔細安排掃墓及訪親時間。頭幾天掃墓後，遠近的親戚們陸續來家相聚。

姐姐娘家有三個兄弟，五個姪兒，最小那位是獨生子，自幼失恃。那天他們兄弟來家看我們，他對我說，大姑走了一年多，他心裡還是想念她。他說大姑疼他自小沒娘，缺少母愛，很孤單寂寞，對他像自己的孩子似地愛護備至，好的留給他吃，還常做衣裳給他穿，讓他小心靈得到母愛般的溫暖，而感到幸福快樂……。

望著他一臉悲戚向我敘說姑姪之情，我能體會那份愛，也很感動。樸質憨厚的他，說著說著，突抱住我大哭，嗚咽低喊：「大姑啊！姑啊……俺想念您啊！」

我被他誠摯流露的真情，感動得流下疼惜之淚，摟緊安慰他，對他說，你大姑是位菩薩，她對你的愛，是無私的，不求回報，你對大姑綿綿不盡的思念與感恩，很可貴，你就把她的愛延伸出去吧！她在地下有知，也應含笑九泉了。

之後，我們上北京探望孫女莉莉，她當時正在海淀「私立東方大學」讀書。我們四人從張店坐夜快車，到達北京車站時天剛亮，下車後直接去海淀。

我倆和梓兒、香浦，在彼盤桓四天，與孫女五人到「八達嶺長城」領略居高臨下，一望無盡的世界八大古蹟之一的——「萬里長城」，之後再到「明十三陵」，參觀明朝歷代帝王陵寢。

一天，由莉莉幾位要好的男女同學相伴，我們從「頤和園」後山，越過仿蘇州古建築老街，翻過山頭，下山到達寬闊廣袤的「頤和園」。那時秋意甚濃，路邊和園林裡的銀杏樹，全染成一片耀眼的金黃。寒風吹過，滿城金光閃閃，非常豪氣壯觀；這美麗眩目，驚懾心魄的美麗畫面，深鏤心坎，令人陶醉，終身難忘。

返淄川休息兩天後，梓兒夫妻包輛汽車，請一位司機劉海師傅開車，陪我倆去「東嶽泰山」攬勝。我們從後山坐「索道」上山。媳婦香浦很虔誠，逢廟必拜，並添香油錢，祈求國泰民安，風調雨順。那時山上已經結冰，路滑難行，寒風呼呼地襲來，高處不勝寒，我凍得渾身打哆嗦，這可是終身難忘的體驗。維經生長山東，很能適應寒天氣候。

我們從南天門下山時，劉師傅開的車已在彼等候，上車後直驅曲阜拜謁聖地。在曲阜參觀一大片刻滿各種字體，頌讚孔聖的碑林，令人目不暇給，震撼不已。我們來到聖廟後方，那裡有兩棵宋代所植，樹齡已逾八百多年的巨大銀杏樹，我倆站在蒼勁猶健的銀杏樹前拍照留念。我小心翼翼地走過金銀滿地的厚葉，撿拾一些完整的扇形葉片，帶回台北做書籤，並且拾得十幾顆「白果」呢！

曲阜歸來，過兩天我們就要回台北了。這天維經神情低落，忽語帶感傷對克梓說，爸爸很懊悔，沒在你娘生前趕回再見一面，是他此生最大的遺憾……。

克梓說，六月初他娘身體就不適，心想爸爸即將和二弟回來，所以沒即時告知。當時娘有些發燒，每天吊滴管，也服藥，豈料二十多天後，娘的病情仍無起色，這才打電話向爸爸稟告——娘病重了。哪知爸爸的台胞證已過期，得重新申辦，就這麼一擔擱，娘就走了……。

梓兒噙著淚水，述說那天早上，發現娘的兩腳冰涼，覺得不對勁，後來那股涼意慢慢往上爬，娘的身體漸漸失溫……就這樣娘默默地走了。梓兒說到傷心處，突然雙手抱頭放聲痛哭。我伸手摟住他抽搐的肩膀，安慰他勿要如此悲傷，說，你娘沒有痛苦，平靜地走，這是她的福報，逝者已矣！你要振作起來，不要太悲傷，不然你娘地下有知，會不放心啊！

維經已淚盈滿眶，不住地嘆息，他說：「克梓，你和香浦夫妻倆，對你娘已盡心盡孝了，這多年來細心照顧，你娘才活到這麼長壽，你倆就不要傷心難過了。」維經說這話時，我也淚流滿面了。

媳婦香浦比較理性，她說自娘走後，克梓他不只一次這樣痛哭過，他太想念娘，走不出娘撒手而去的陰霾；我勸他說，娘和我們已經是兩個世界的人啦！你這樣悲傷放不下，娘會不捨，走不開呀！為了娘和我們好，把思念放在心裡就好，別哭了哦。

這次回鄉，距姐姐離世才十六個月，至親驟然去世的悲痛和陰影尚未遠去。我實在不忍心，提到思念她的每個細微處，這是回來與家人相聚十多天，隻字不提姐姐生前故後的原因。

隨夫三次返鄉

忠兒於八十八年秋結婚，翌年孫子——承緒出生。我將於九十一年七月屆齡退休，退休後，要幫忙照顧孫兒，以後就不方便陪維經返鄉了。於是決定於九十一年二月底，利用三週休假，和維經返鄉與兒孫相聚。

抵家後，擇日上墳祭拜祖先。那時梓兒因瓦廠的業務繁忙，無暇陪二老出遊，他請劉海師傅，載我們和香浦兒媳，到山東北部遊玩。他細心囑咐劉師傅，說老人家出門在外，要早早住店，讓老人家好好安歇，早上晚些出門，要睡飽吃好，不可太累……。

我們車行過處，路邊大片的桃樹正開花，沿途皆是粉紅色的花朵，耀眼迷人，煞是壯觀，不由讚嘆，好美的「桃花源」喏！我們先到怪石嶙峋滿佈的「嶗山」風景區尋幽，再到目光所及，皆是德式風格建築的青島市看看，並到棧橋觀海景。最後到「蓬萊仙島」等名山勝景暢遊，盡興而歸。

當梓兒的工作告一段落後，他即購買機票，陪我倆到故都「西安」遊歷一番，讓爸爸一償舊地重遊的喜悅和心願。我們在楊玉環沐浴的「華清池」前拍照；從「半坡博物館」出來，到廣場瞻仰高聳古老的「大雁塔」；晚上到西安最大的「開元百貨公司」閒逛，開開眼界。

此行最難得的是，三月三十一日下午，我們四人搭包車赴西安機場途中，巧遇信眾從台灣恭送「佛牙」回法門寺的車隊。在台灣很多信眾，為瞻仰「佛牙」南北追逐，我們還真有佛緣呢！竟在幾千里之外的西安躬逢其境。我請師傅停車，我們五人肅立路邊，雙手合十，口唸佛號，恭送佛牙。

在返台之前，兒媳香浦和克謙姪媳倆，陪我們去淄川境內的「梓橦山」，參觀戰國時代的傳奇人物——鬼谷子講道聖地。

我們從八百公尺長，深幽的地道出來。出了廟門，在一排開醉的紫藤花牆外，發現疏落樹林間，有許多圓型或方型的高聳石柱林立其間。上前細看，原來那是善心人士捐款的石柱，上面刻著年號和捐獻者大名與捐款數目。

我們隨意瀏覽，竟意外發現祖父懷琪公捐款之石柱，上面刻著「光緒二十二年王懷琪捐伍仟銀元」周邊也有捐三仟、兩仟銀元不等的善心人士大名。兩媳驚訝地說，老爺爺捐不少呢！

我們又發現另一石柱，上刻「光緒二十六年王懷琪捐壹拾仟銀元」我和維經摩挲刻在石柱上祖父之名，如親澤了他老人家慈顏般親切。我們做子孫的深感敬佩，當以他老人家慈悲為懷的胸襟為典範。

返台北後，我於七月中退休。九月忠兒夫妻開學後，我即接手照顧孫兒。十月初孫女蔚綸報到，在家我要照顧一老一小，無暇照顧孫女，只得請保母代勞。

九十二年冬，恕兒完婚，終於了父母一樁心願。

維經十次返鄉

翌年秋，欣逢長孫女莉莉出閣，我和維經專程返老家祝賀。莉莉回門後，我們一家受邀到青州拜訪親家，兩家親人歡聚，親切融合。

維經已年高八十四歲了，這是他十六年來第十次返鄉。孝順的梓兒無意中，得悉爸爸沒去過蘇杭，感到有些遺憾。他即電話聯絡旅行社，報名參加旅遊團，梓兒夫妻陪我倆坐夜車，到南京與他團會合，做五日遊。

當日參觀「無錫」紫沙茶壺製作工廠，梓兒給爸爸買兩套茶壺，其中較實惠實用的，就是人稱「水上飄」的小茶壺。之後到蘇州參觀蘇綉精品展示；那玲瑯滿目，各式各樣，色彩斑斕的花鳥蟲魚，飛禽走獸，栩栩如生，令人目不暇給，愛不釋手呢！

我們一行在杭州坐畫舫繞西湖神遊，這自古被詩人喻如美人秀麗靜美的「西湖」，令人遐想遄飛。我們一睹那幽靜孤立的「雷峰塔」，又到「李叔同紀念館」以及民族英雄「岳王廟」瞻仰岳武穆；瞧見秦檜夫妻人像，像隻狗似地，趴在莊嚴肅穆的廟門口長跪，真是大快人心哪！

接著也到專賣絲織品的百貨公司逛逛，貼心的梓兒立即買兩床蠶絲被，讓我們帶回台北。續參觀撲朔迷離，如迷宮迂迴的「獅子林」時，我們四人已累趴；但見維經一臉疲憊樣，可見趕行程的旅遊，不適合我們上了年紀的人，體力能負荷啊。

到達上海，在外灘休息了好一會兒。我倆沒跟克梓夫妻上「東方明珠」居高遠眺上海美景；一來票價不貲，二來我倆實在累趴了，兩人在廣場歇著，用想像即可滿足。

我們的行程到中午結束，中餐自理。

我們到餐館坐下，點四份湯麵，卻不見服務小姐上茶水。一問，答說，茶水要另外買。沒料到南北差異這麼大，在北方客人坐下，熱呼呼的茶水馬上送上桌。

我們又飢又渴，待湯麵端上，我喝一口湯，難以下嚥，對服務小姐說：「妳們打死賣鹽的啊？這麵鹹死人！快拿壺開水來兌！」服務小姐立刻拿一大壺水過來。

維經對我會心一笑，媳婦則忍俊不已；梓兒把每碗麵兒上開水，笑說還有半壺。

在上海福州路逛書店，幫忠兒挑選他指定要買的畫冊，付款後，我看中一本不是忠兒要買的，很喜歡就買下。打手機跟忠兒說：「媽媽買一本陳衍寧的畫冊，你一定會喜歡！」

兒子在電話那頭說：「媽媽，那本畫冊我在台北已經買了。」啊，是嗎？可見老媽還蠻有藝術眼光和鑑賞素養哩！

傍晚，我們到浦西舊站坐夜車返淄川。

返台北後，我和維經又參加學校退休人員──到桃園「東眼山」一日遊。可能是太累了，回來翌日，十一月六日晚上七點多，維經在浴室刷牙時，忽暈倒在地。我火速送他到國泰醫院急診，醫師診查說可能是心律不整所致，即預約掛隔天的門診，並戴上二十四小時監測心跳的「心臟記錄器」。

晚飯後，維經刷牙時，他又暈倒，所幸身體往後仰時，順著掛在架上的大浴巾，慢慢滑下，頭沒碰到乾濕分離拉門的薄門檻。

在急診室候診他又暈倒，醫師看到螢幕記錄顯示，他的心臟曾停頓十二秒。當下立即安排第二天中午動手術，在左肩鎖骨下方，置入像名片大小的「心律調節器」，因是小手術，在短時間內可完成。對要動手術這事，維經有些疑慮，情緒有些不安。這個「心律調節器」是外國產品，非常精細昂貴，置入後每年須回診測試電池是否完好。維經的心臟記錄顯示曾暫停十二秒，合乎健保給付規定的四秒，我們只須付手術費和住院費，以及伙食等雜費。我們每月繳健保費，因此得享健保優惠。

維經手術後，心跳正常，休養一個月，體力慢慢恢復，從此不再暈倒，家人不必再為他暈倒而擔憂。

半年後，我看他精神很好，每天下樓散步，問他想不想回老家看看？若想我陪你去。他沈思了一會兒，說：「人思故土，鳥戀舊林」，想是想，但是我已是八十五歲的老人，出趟遠門搭機，中途還要轉機，太勞神了，一動不如一靜的好……。」我想也是。

梓兒來台探親

民國九十五年元月，克梓夫妻辦妥入境手續，首次來台看望父親。他倆抵台北當晚，二姨設宴款待這對遠道而來的外甥夫妻。除二姨家表弟妹外，還有四姨、姨丈和表妹夫妻。雖然大家是初次見面，因她們一向對維經很好，所以見到克梓不覺陌生，感覺很親，我們歡聚一堂，聊得很開心，親切又溫馨。這期間忠兒夫妻，為撰寫碩士論文，忙得不可開交，無暇陪兄嫂。

克梓假期前段，三弟克恕陪兄嫂上陽明山國家公園走走；下山再到「一〇一」大樓觀景台，俯瞰台北市區全景。我們陪他倆參觀「國家歷史博物館」，順道去植物園逛逛。後回忠孝東路（九十四年起，為照顧兩孫，二老住麗水街忠兒家）家中看看，並參觀「國父紀念館」，隔日再到「中正紀念堂」參觀。

梓兒假期後段，我們陪他夫妻到芎林鄉下小住。他倆第一次見到媽媽的兄弟——舅舅和舅媽，以及眾多表弟妹們，好開心哪！舅舅在「竹林園餐廳」備三桌席，舅家大小全部參加，場面熱烈又親切，舅舅們的盛情款待，令梓兒夫妻非常興奮又感動。

山東老家是一大家族，台灣媽媽娘家這邊也是一大家族。晚餐後大夥回到媽媽小屋，因人多，雖是寒冬十二月天，把屋裡頭擠得既溫暖又溫馨。舅舅和舅媽都來家，大家聚在一起照相留念。

六位舅舅合包了一個大紅包，給克梓夫妻做見面禮；這是一個高潮場面，令善良樸實的梓兒感動得眼眶濡濕，夫妻倆迭聲向舅舅、舅媽道謝。

舅舅們商議定，翌日陪克梓倆去「石門水庫」走走看看，再去大溪「慈湖」參觀。

第二天，六位舅舅、舅媽全到齊，還有很多表弟妹同行，共開六部車，浩浩蕩蕩往石門水庫前進。二姨和四姨從台北南下趕到會合，大家再前往慈湖，在慈湖公園前台階，照一個團體照留念。

午飯前，恕兒夫妻也趕到。餐後恕兒夫妻、二姨、四姨們各自返台北。我們一行則到桃園復興鄉，參觀「蔣中正行館」，及附近景點走走看看。

之後，車子走入如迷宮般迂迴盤旋的山路；這時天色已暗，在昏暗的山路上，拐來拐去，終於鑽出茂密的山路，到達關西鎮。我們一行在路邊觀光餐廳吃晚飯。略為休息，再上北二高，返回溫馨的芎林家。

翌日，忠兒與恕兒兄弟倆開車陪兄嫂去中外馳名的「日月潭」遊覽，夜宿「阿里山賓館」，凌晨摸黑趕上山，觀賞難得一見的日出美景。下山後又驅車直上合歡山，來到標高三一五八公尺處的武嶺休憩，領略山巒環繞壯闊美景。

此行最令克梓驚訝的是，台灣多山，到處山林茂盛，一片綠意盎然，感覺不出是冬天。還有所到山路都是瀝青柏油路，連山上大小路徑都暢通便利，看不到泥巴路。

返芎林後，克梓的探親假期已近尾聲，他夫妻倆要回山東過春節。克梓很周到，返台北前去向每位舅舅辭別，感謝舅舅們對他倆熱誠招待，並歡迎舅舅、舅媽到山東旅遊。

民國九十七年冬，維經已八十八歲。一天他展紙親筆留下遺囑說：他百年之後，骨灰要回老家落葉歸根，與父母、髮妻同葬祖墳，常相左右。我擔憂在台灣的後代子孫，沒有祖先的憑證，日後不知要如何追憶？因此鼓勵他寫自述，留予後代子孫，作溯祖來源之憑證。

於是，維經在八十九歲至九十歲，親筆自述：少年離鄉，到濟南就讀山東省立第一中學。後因日本外敵侵華，政府為保護中華民族幼苗，不被日本殘殺消滅，留下建國復國根基所作的長遠計畫；把所有師生往南遷，流亡至大後方——四川。全國同胞勠力同心，培育精英，八年抗日勝利後，中華民族命脈得以延續壯大。

抗戰勝利後，他隨東北大學師生，復員回到瀋陽東北大學校本部，繼續學業。畢業後，受聘瀋陽市立師範學校，擔任教職。後轉任遼寧銀行服務。

翌年，東北已陷入國共內戰，長春失守。民國三十七年初，東北局勢緊張，他即辭去銀行工作。搭機至青島，幾度欲返家探望母親，但膠濟鐵路已停駛，他有家不得歸。他不得已隨波逐流，南下至南京，與劉齡九大哥相遇，並在他主持的「中華基督教會全國邊疆服務處」擔任會計。十二月「徐蚌會戰」失利。

三十八年元月，他被命運的巨輪推向陌生的孤島——台灣。

他在這舉目無親的台灣，為了生存，進入教育界服務。離鄉三十年，眼看歸鄉無望，他才娶妻生子。維經少年離鄉別母，在外流亡逃難，艱苦備嘗，一生跌宕起伏，卻幸運地在台灣平安度過一甲子。年將七旬，幸得兩岸開放探親。經與家鄉通信聯絡後，始知母親早已故去多年，令他悲慟難抑，淚流滿襟……

所幸結縭妻子尚健在，他義無反顧，當下即決定返鄉與妻兒團聚。這八年之間，他六度返鄉，不幸第七次返鄉，卻是為送髮妻上山頭！沒見到賢妻最後一面，再添憾恨。自開放探親十六年來，維經難捨親情，十次返鄉與家人團聚。

民國九十八年底，政府開放三等親，可來台探親。外甥粗慶把握機會，積極辦手續。於九十九年四月，順利來台探望親娘舅。讓年逾九十的維經，得到很大的安慰。

這年農曆十二月初八，長孫世壯大婚，恕兒代表全家返山東祝賀。

維經往生佛國

民國一百年（二〇一一），最後一天，維經以九十晉一高壽，在睡覺中安詳辭世。中國人所追求的人生最高境界「富貴壽考」，他得其二，可謂很有福報。

隔年元月二日，克梓夫妻原是來台探望父親的，一周後卻是悲喜迎回父親骨灰……至此，維經他又回到人生原點——故鄉山東省淄川縣羅村鎮大窩橋村，可說法喜圓滿。（註：考是「善終」。）

維經往生後，梓兒來信說，媽媽以前要服侍爸爸，現在爸爸安息了，兩姪漸長，不大需要幫忙了，請媽媽回老家住些日子，讓我和媳婦有機會孝敬您老人家吧！我捧讀梓兒衷心期盼的孝心，不禁感動得雙眼濡濕了。

之前因要服侍維經，我強忍左膝腫痛，沒去做手術（考量到復健期太長），如今他走了，在他百日之內，我住院做了「人工膝關節」置換手術。我動手術時剛滿七十足歲，因是嚴重的第四級，手術費和材料費全部由健保給付。三個月內的復健期，幸得兩兒和兩媳細心幫我復健，因此恢復得很理想；加上自己勤練，術後半年，兩腳行走穩健如昔，真是感恩啊！

這年秋後，我回芎林整理維經的自述文稿，經恕兒夫妻打字校對；忠兒夫妻掃描文件相片。於翌年三月付梓，是一本極其珍貴的自傳。

清明節，恕兒夫妻陪我返山東，上墳掃墓，祭拜祖先。我把維經生前撰述的結晶《王維經九十自述》一書，供奉墓前，請他賞閱；衷心祝福他的靈魂得到寬慰，含笑九泉！

距上回孫女莉莉出閣，隨維經回老家後，已相隔整整九年了。這次回到淄川，才知梓兒已遷出鴬橋老家，在淄川區另購新屋安居。

這裡是一個住戶上千的新興社區，樓高六層，第一層作為車庫，二樓以上才是住家。梓兒住在三樓，雖說是三樓，房屋設計合乎事實須求，樓梯深長，階梯緩緩而昇，因此爬樓如履平地般輕鬆；我甚至一口氣走到四樓，才發現走過頭了，再回到三樓。

整個社區房屋的距棟，以不影響他樓陽光照射為原則。兩棟樓房前後，皆留有雙向行車空間。中間的空地種植樹木及四時交替的花卉。屋前屋後，綠樹成蔭，居住其間，不覺侷促，令人心曠神怡。

每次回淄川，上墳之後，我一定先去看姐姐娘家姪子們，他們兄弟五人非常親切，必備餐席款待我們。這回眾姪兒和他們的兒子媳婦、女兒女婿都趕來相聚。與梓兒、恕兒表兄弟相聚敘懷，熱鬧又開心。

可喜的是，姪們都各自擁有寬敞的住房，且家家有自用汽車，生活改善很多，與二十多年前的簡約光景，不可同日而語，我感到很高興，也很安慰。

每次與維經返鄉，外甥耜慶一定在張店大飯店，備席招待我們，以表達他對長輩的孝心與尊敬。如今維經往生了，我回來，他仍依老樣在張店大飯館，訂下可坐十六人的大圓桌，請我們吃飯歡敘。克梓兄弟夫妻，我和世壯孫之外，耜慶夫妻以及外甥孫、孫女夫妻，還有他的孫女和外孫女，齊聚一堂，暢敘家常，氣氛融和親切。耜慶的外孫女，不日將赴舊金山留學，可喜可賀。

從張店回來隔日，克梓載我們去青州市，與孫女莉莉相聚。莉莉的公婆，樸實誠懇，為人忠厚，待人親切。這位親家翁與克梓像兄弟一般，思想見解相契，很談得來，婆婆更是熱情好客，和他倆談聊，就像多年的老友一般，隨和自在，心情愉快。

親家伉儷好客，非要我在她家住幾天不可。我也爽直答應，下次來一定住下，好好聊聊。

恕兒因要上班，八天假一到，他夫妻倆即先行返台。

孫媳婦娜娜有喜，懷上女胎已滿十個月，梓兒尊重長輩，早先就曾來信請媽媽為新生兒取個好名。就在恕兒夫妻返台翌日，四月九日晚上，曾孫女——蘊如出生。梓兒心細周到，為了方便老家族親來探視，做此決定，孫媳婦出院後，我們全家回鴛橋老家暫住。我趁此機會重溫與維經返老家時，難忘的片段回憶。

穀雨下雪

十九日是穀雨，晚上八點，賢孝的香浦兒媳，備好熱水讓我泡腳，我泡十分鐘，正要擦拭，香浦說：「媽媽！您至少要泡三十分鐘，兩腳才會熱呼呼地，夜裡好眠哪！」

這時，梓兒進屋驚喜說：「媽媽，外面飄雪囉！」他即從車頂收集一杓白雪，端給生長台灣的媽媽，瞧瞧雪的潔白鬆軟，摸摸雪的感受。的確，這是我長七十幾歲，第一次親眼看到的「雪」。

梓兒讚道這真是奇蹟，他說長這麼大年紀，記憶裡從沒遇到清明之後還下雪的經驗；他說爸爸回家十次，第一次還是回家過春節，也沒碰到下雪。說著說著，他眼睛一亮，驚嘆道：「啊！這場雪，是老天爺特別為媽媽下的！」

香浦移開泡腳桶，我就瞪著雙眼望向窗外高懸的路燈，看那輕如羽絨的雪花，無聲無息地飄落，飄落。翌日起身往院子瞧，地上已無落雪的痕跡，花木上卻掛著白白的棉絮；屋瓦上仍敷著一層殘雪，到九點陽光一露臉，屋瓦上的白雪，瞬間消融殆盡，變成水珠滴下。

孫媳婦坐滿月子後，一天梓兒開車送我去青州孫女家。當然是先到她婆婆家住兩天，履行諾言。莉莉婆婆為人很實在，勤快又能幹，待我如上賓，每天變花樣做麵食，讓我品嘗，實在太好了。她內外一誠，對莉莉像女兒般疼惜，莉莉在外上班，她每天從住處騎六公里車，到莉莉家燒飯給孫兒吃，並接送他上下學，讓莉莉無後顧之憂，安心上班。這樣疼媳婦的婆婆，在現今社會，已是鳳毛麟角，很難見到。

一天，孫女婿陪我去爬「雲門山」，這條山路皆是長條石板鋪成，石階兩旁是綠油油的長青柏樹。我走到半山腰，回頭望向來時路，後面很多遊客正奮力往上爬，我索性停下腳步，支膝歇一會兒。一位氣喘噓噓的中年男士，對我說：「大娘，看妳的身體挺壯實，多大年紀啊？」

我用山東話回他：「俺今年『漆濕傘』（七十三）啦！」

他一聽，呦地一聲：「大娘的腿勁真行，不輸年輕人！」便問我打哪來的？我又用山東話回他：「俺是從太北（台北）來的！」他一聽，立馬停下腳步，驚訝地說：「大娘，這幾十年，妳鄉音無改呀！了不得。」他以為我是四九年去台灣的同鄉呢！

這會兒，我用普通話回他，說：「我是台灣土生的客家人，不是山東『印』（人）！」這使他更驚奇，說：「大娘的山東話說得挺溜，完全聽不出妳是台灣印（人）！」我和這位遊客的對話，引得其他人好奇停下腳步來傾聽，孫女婿更是雙手拄膝，笑彎了腰呢！

翌日上午，孫女婿陪我去距家僅二十分鐘腳程的「李清照」故居參觀。進入寧靜清幽的庭院，讓人感到身心安定，俗慮全消。在長廊上忽聽到〈聲聲慢〉如泣如訴的樂音，我即隨著節拍，跟著輕哼這首李清照的曠世之作。

出了庭院大門，傍著小溪往前約三百公尺，過了小橋，就是「三賢祠」，這大門裡外各有一棵上千年的老槐樹。「三賢祠」是供奉「先天下之憂而憂，後天下之樂而樂」的范仲淹先生與歐陽修和富弼兩位，合稱「三賢」。

隔天孫女夫妻陪我到一處明代老宅「井塘古村」聚落尋幽。整個古村錯落的房舍，依山形而築，曲折婉轉，連綿半公里。山村的槐樹正恣意開著素淨的白花，白茫茫一片，與疏落開著淺紫色的梧桐花，相互輝映，和諧潤目。在這乍暖還寒的濕冷空氣裡，我們的衣袂髮絲便浸潤著淡淡的花香。

我們循著山坡路徑，繞來轉折，像走入迷宮般撲朔迷離，看這一大落古厝點綴其間，好奇怎麼房間的格局，都那麼狹小侷促？一路走來都沒遇到其他遊客，真是空山不見人！真恬靜啊！

今天空氣非常淒冷，古厝庭院周圍靜悄悄地，因是初春，樹葉正萌芽，尚未茂密成蔭。我走到一座古厝前，發現院門上有扇半開的柵門，這時，薄陽從樹枝間隙，灑落庭院石階的青苔上，把整座古厝庭院氤氳得充滿詩情畫意，令人遐想。瞧那扇木門上一抹斑駁的光影——我不禁驚呼：「啊！這不正是詩佛王維〈鹿柴〉裡的景致『反景入深林，復照青苔上。』嗎？」

莉莉聽了，笑說奶奶的聯想力太豐富啦！很高興，今天有幸體悟到詩人——靜雅清逸的心靈境界。

第二天吃早餐時，讀小一的外曾孫——阿哲認真對我說：「老姥姥，我爸告訴我，說您是一位很有學問的人，要我好好跟您學習學習！」

我說那敢情好，那我們一起來背唐詩吧！

回淄川休息後，我再次去克和姪家看維蘭弟妹，她今年已高壽九十了，身體仍硬朗，每天到家門前公園散步，僅耳朵稍為重聽，但交談無礙。我和她坐在後院的樹蔭下閒聊，才得知當年她為了供長子讀書，幫人看孩子，收入微薄，因此無力供次子讀書，克和因此連小學都沒唸，讓她內心一直很不安……所幸克和的兒子有出息，大學畢業後，擔任公職，妻子當護士，收入穩定，這就改善家庭生活，懂得孝敬長輩。弟妹說著，慈祥的眼神充滿安慰和滿足。

幾天後，外甥秬慶來電話告知克梓，說他和女兒開車來接我上他家住幾天，盛情難卻，我欣然前往。在秬慶家住三天，端琴甥媳在家包餃子，研麗送來一箱新鮮的「趴蝦」，我們大快朵頤，吃得不亦樂乎！晚飯後，世壯孫來接我回家。

這回返鄉，我長住兩個月。莉莉利用假日，帶孩子回淄川相聚。在我返台前，姐姐娘家的姪子和秬慶夫妻，連袂來看我，帶著禮物、土產、衣服，實在令我感動。就這樣，我帶著豐富的伴手禮和滿滿的祝福，於六月初返台。

忠兒夫妻當教師，清明不能返鄉掃墓。他倆於民國一百零三年暑假，連袂返山東，為父親掃墓，以盡人子的孝思。

獨自返鄉

翌年（民國一百零四）五月，在母親節之前，我獨自返鄉掃墓。跟上回一樣，長住兩個月。那時曾孫女蘊如剛滿兩週歲，長得活潑可愛，聰明伶俐。她的音感極敏銳，聽到音樂聲，即隨著節拍扭動身軀，左右款擺，有模有樣，特招人歡喜，逗得一家人笑聲連連，忍俊不已！

她母親教她喊我「老奶奶（阿太）！」可奶奶前面加個老字，讓她叫來不順口，令她苦惱。之後，她叫我時，把奶奶兩字加重語氣，以與叫她奶奶有所區別，真聰明可人。

趁在此長住，梓兒每週陪我去看中醫把脈，抓藥調養身子骨。香浦賢媳每天為我煎藥，一副草藥煎三回，濾出後，把三回的藥汁再中和一塊，分三次服用。梓兒夫妻真用心，耐心陪我去看診、抓藥、煎藥，令我深深感動。而我服藥後，感覺效果很好，身體與精神，比之前清爽多了。

依往例，外甥耜慶一定來接我到張店住幾天。他住的是一樓房，前面有一片空地，他就在那裡蒔花種菜怡情。外甥媳端琴，每天仍到自開的診所看診，她那聰慧能幹的兒媳婦，已接管診所醫療業務，一向認真負責的端琴，這才稍為喘口氣。我在此，她雖不去診所，在家仍打電腦建檔資料。

我每次去張店，都是耜慶和女兒或兒子開車來接我，他夫妻必定請我這個妗子，到大餐館吃大餐，接著外甥孫姐弟倆也要各請一回。研群他那嬌小能幹的媳婦——小傅，必送一罐「三七粉」，讓我帶回保養身體。研麗夫妻也送禮物，這才讓克梓來接我回淄川。在我返台之前，端琴必為我買衣服送過來，他們對我這個舅媽、舅奶奶的貼心和孝心，在在都令我感動和感謝，心想：我何其幸運有這麼貼心的晚輩！

祖墳喬遷

二〇一六年冬，梓兒來信說，當地政府開闢一條快速道路，經過淄川直達青州市，但此路必須經過咱王家墓地，因此當局另覓一片福地，讓咱王家遷移安置墓塋，遷移經費由政府優惠補助，隔年清明節之前，可望全部遷葬就緒。咱家祖先的新墳，離鴛橋老家更近了。

恕兒說：祖先喬遷新居，是件大喜事，我們後輩子孫應該返鄉祭拜，表示慶賀。

二〇一七年（民國一百零六），恕兒訂機票，陪媽媽於清明節前返鄉。

這趟返鄉，是孫兒世壯夫妻，領著剛滿四歲的女兒蘊如，到濟南機場接機。這小妮子長大許多，她一見到我，興奮地大聲喊：「老奶奶，好……」很有精神，我開心極了。

清明節當日，我看到一大片排序有致的王家墳塋，集中在新建墓園，王家各房子孫都來祭拜，我們很為祖先慶幸，有這麼一片安寧佳城安居。我和恕兒第一次祭拜懷琪老爺爺（維經是懷琪公長孫），再拜肇箴公婆，最後拜維經和姐姐。梓兒說：祖墳都在一塊，清明掃墓可見到眾族親，也很熱鬧，老祖先見到這麼多子孫，一定很安慰。

這趟回來，聽梓兒說，維蘭嬸身體違和，已臥床數月了，她一直住在次子克和家。掃墓回來，我和恕兒即趕去探望。我走到床邊，緊握她的手，對她說：「老姐弟妹！大嫂來看妳啦！」克和姪媳大聲對婆婆說：「娘！大娘和兄弟來看妳啦！知道不？」

弟妹聽了，睜大雙眼，似會意，激動得口中含糊咿唔表達不清，卻用力握緊我的手，我看她這個樣兒，心裡說不出的難過。克和姪憂心說：「娘有些失智了，剛餵過飯，馬上忘掉，又喊要吃飯……」

弟妹還是像以前一樣好看，並沒有特別瘦，她衣著乾爽，面容白淨紅潤，只是像嬰孩似地躺在床上，爬不起身來，看了讓我好心疼。恕兒看嬸嬸變成這個樣兒，難過得不知說什麼好？

唉！一個身心乾淨利索的人，怎麼變成這樣？她今年高壽九十五，五世同堂，人間少有，人人稱羨，如今卻……。

臨告辭，我心中暗自向上天祈禱，請祂慈悲為懷，讓這位善良慈藹的老太太，身心安寧，少些磨難。

我每次返鄉，姐姐娘家的姪們和耜慶一家，以及香浦兒媳娘家兄弟，還有莉莉的公婆，所有親戚，對我非常非常親，總要請吃飯，大家歡聚一堂，暢敘親情，場面熱絡又溫馨，令我感動難忘。這都是他們對維經這位長輩，誠摯敬重，珍惜親情的延續。

耜慶的女兒——研麗夫妻很孝順，為方便就近照顧年老的雙親，把自己寬敞舒適的花園一樓房（停車場在地下室）讓父母住，自己在附近另購一屋自住。

依往例，耜慶一定要接我去他家住幾天，才開心。在此，早上耜慶陪我到附近公園散步；早餐後，端琴買菜，陪我逛市集。攤架上滿滿的各樣果蔬，鮮嫩欲滴，既漂亮又便宜，只怕你提不動。端琴買了櫻桃、草莓、盤桃、海鮮、粽子，把提袋塞爆了。

張店素有「花園城市」美譽，馬路兩側安全島的花圃，層次跌宕，住宅庭園到處花木扶疏，百花盛開，美不勝收，令人目不暇給，叫人流連，樂而忘返。

恕兒返台後，梓兒夫妻攜蘊如，和我去香浦媳她哥哥家農場摘桑椹。紫黑色的桑椹，大小像蠶寶寶似的，酸甜多汁。香浦分裝十幾包，帶回分送給芳鄰共享。送不完剩下的，我建議香浦用冰糖熬成醬，儲存冰箱做冷飲。

山東的蘋果，不噴農藥，也不打蠟，皮薄多汁，酸甜又脆，卻非常便宜，洗淨就可吃。在台北買的進口蘋果全打蠟，一定得削皮吃，且因運程遠，到台北已是汁少的石頭蛋，難吃又貴。我在這兒，每天早中晚，各啖一顆大蘋果，吃得好過癮呦！這麼好吃又便宜的蘋果，台灣為何不進口呢？

傍晚，我和克梓到附近黃昏市場，逛市集兼散步。這裡的青蔬瓜果，堆得像座小山，整車整車地賣，都好便宜。我愛吃涼拌黃瓜，這裡的黃瓜它比台北的嫩，每支都帶刺，子又細，咬下一口「喀吧」一聲，它就是一個「脆」，令我愛煞。整車整捆，白白嫩嫩的蒜苔，叫人看著就想吃，在台北新出來的蒜苔，一台斤要兩三百元，令人咋舌，買不下手。這裡實在太便宜了，只可惜這些便宜好吃的鮮蔬帶不回去。

梓兒和香浦，對我細心體貼的孝心，沒話說，心想比兩個大而化之的弟弟超過多多。二姐常羨慕我「命靚」，說我肚皮沒疼一下，老天爺就送個這麼孝順的兒子給妳！其實這一切的一切，都是一個「緣」字，而我有幸遇到了；此生我衷心感謝維經和姐姐，因他倆有緣，與克梓兒、香浦媳也有緣，像神秘深奧的交線圖一樣，絲絲入扣，牽引連結，所以我們一家人就這樣「緣圓」在一塊兒了。

從第一次看到梓兒相片，想到他長三十幾歲，仍沒見父親一面的心境，心疼他童年記事起，人皆有父，唯他獨無，那種落寞無奈，就令人同情。從小他只聽奶奶和母親說：「父親在遠方……」可是，遠方在哪兒呀？他對父親的渴望和孺慕，想著就令人為之鼻酸。

所幸上蒼賦予他力爭上游的意志，和堅韌的生命力。在父親缺席支撐的家，他與奶奶和母親，三人相依為命，清苦過活挺過來。他秉性善良，乖巧懂事，得到奶奶滿滿的愛，和母親嚴正仁慈兼顧的教導；養成他待人以誠，嚴以律己，行事沈穩，處事果決的特質，實在不容易。

他八歲時，生父（維蘭叔）去世，翌年冬才九歲，奶奶也辭世，離他而去。九歲大的孩子，因家庭變故，不幸頓失兩至親，真是情何以堪？家中只剩他和母親二人，讓他一夕之間突然長大。母親為教養他適應環境，將來有所擔當，視他為一家之主，家中大小事，母子倆細心琢磨，同心參商，以期把每件事做到圓滿。

這許多年，來家相聚時，大家都刻意避免提及過往那段艱困、心酸的苦日子。想到婆婆往生時，家境清寒，姐姐母子倆，是怎樣挺過來的，我很想了解。

梓兒了解我的心意，不說什麼，即從收藏多年泛黃的舊簿本，翻出一小冊子。上面是記載他奶奶往生時，眾親戚及本家叔叔、哥哥們，以及大姑、二姑，冠莊與岳店親戚包的「奠儀禮簿」，其中包最多的是冠莊（婆婆娘家）和岳店（姐姐娘家）兩家親戚。其餘八元、五元的極少數，大多是五毛、三毛……加起來總數是五十八塊幾毛錢……。

我看到這裡，內心一陣悸痛，噙著淚水，不禁為婆婆當年往生的寒磣，悽苦情狀，哀傷悲痛。

那是民國四十九年（一九六〇）十一月，那個年代兩邊的同胞生活都很苦。回想民國六十年，父親往生時的悽苦情境，與此相去不遠。那時幾個弟弟都還小，親戚宗族們盡量幫忙，包最多的是五十元或三十元，數目雖微小，但這可是親戚們誠心誠意的援助，令我們喪家銘感五內，至念不忘。

另則叫人感動的是，五弟讀國中的同學，他們的導師在班上發起捐輸。同學們用零用錢二元、三元……全班共捐三百四十幾元，數目不多，但同學們的愛心，實在令人動容。

梓兒接過「奠儀禮簿」，不住搖頭嘆息，說：「當時實在悲苦無助，不知明天的日子要怎麼過？唉呀！這些都過去了。」我說往事雖然隨著時光遠去，但我們決不可忘卻親戚可貴的真情，襄助的情義，雖說往事不可重提，但應說予子孫知，不是嗎？國有歷史，家有族史，都是先人走過留下的足跡，決不可忘。

而當時年僅九歲的克梓，他怎麼曉得把這本奠儀小冊完整保存？想這是出於他善良的天性，和對奶奶的孝思吧！他不忘小冊子裡面的記載，和它包涵的深摯情義，珍藏五十多年，令我深深感動。

四月下旬，我們又到青州莉莉家住兩天。我們散步經過李清照故居，她故居的圍牆外是一條小溪，未知是否就是她所著的「……雙溪蚱蜢舟，載不動許多愁……」的雙溪？

沿溪往前三百多公尺處，即是紀念——范仲淹、歐陽修和富弼的「三賢祠」。四月天正好郊遊，園區遊人如織，沐浴在溫煦的暖陽下，多麼舒心愜意！我們很幸運，在「三賢祠」前面大片的花圃，欣賞到盛開的各色牡丹花。那雍容華貴，儀態萬千的碩大花朵，令人驚艷，像孩子純真的笑靨那麼迷人。我沒有拍照，而把這天賜的美景，放在心坎上。

這回返鄉，因心血管疾病，五月一日要回診，所以只有一個月時間，與家人相聚。四月三十就要返台北了。

記得三天前，莉莉來電話說：「奶奶，剩三天啦！怎辦？」隔天她與兒子回淄川，帶來四雙新鞋，說是婆婆要送給奶奶的，請奶奶至少要挑兩雙。莉莉婆婆真的太客氣了，我依言笑納兩雙新鞋，請莉莉轉達奶奶的謝意。

這天吃午飯前，克梓說，「再過十八小時，媽媽要回台北了……」言下不勝依依。吃晚餐時世壯孫和娜娜說，「再過十一小時，奶奶就要回台北了……」我說只要奶奶能走，會再回來。

晚餐後，照往例，梓兒父子就忙著幫我打包。這一袋袋的木耳、枸杞、紅棗、核桃、普耳茶等，其中有一些是親戚專程送過來的。親戚們的熱情和體貼，叫我每次都滿載而歸，這些禮物可說是甜蜜又溫馨的負荷，我深深感動並感謝。

懷念阿松伯

我小學畢業後，因家貧沒升學讀初中，每天跟父母兄姐上山落田幫忙農務。田裡農忙時，便把山園的工作擺一邊，有勞動能力的家人，全往田寮去。

田寮耕地的芳鄰們，都很樸實善良。下屋雷家是有五男五媳的大家庭；北邊楊家距田寮三百步，他家只有兩男一養女，人口簡單，屋後有一口水井。自父親發現大水圳漂浮一隻死豬後，我們在田寮的食用水，就是楊家大方供應的。

位在我們家耕地中段的邱家，則是個「女兒國」——家有五女，沒有男兒。邱伯伯人很憨實，見人總是笑嘻嘻地，與我們相遇時，會親切打招呼。

他每次看到我和二姐，便對父親說：「金雲哥，你兩個女兒長得這麼漂亮，可以賣了。」他說的「賣」其實是可以嫁人之意。二姐聽了嘀咕說：「我又不是豬，賣！」

邱伯伯並無惡意，他看我和二姐長得比他女兒好看，嫁人比較容易，才這麼說。我聽了回他話說：「還不到一百斤，賣沒人愛呀！」他聽了便哈哈大笑。

在我們田頭上有一家，家屋面朝南，屋後也有一口水井。我們來田寮工作，必得從他家水井旁經過，井邊小路傍著一條水圳，圳水豐沛，他家就在此洗菜、洗衣裳。

這座紅瓦屋的女主人，年紀比父親略長，人很和藹，父親稱她「阿石姐」，稱她的贅夫「阿松哥」；父親教我們喚阿石姐「石妹姑」，稱阿松哥「阿松伯」。他年紀比父親大，中等身材，人很好，勤勉實在，眼神很像父親，很慈藹，溫和可親。

我們去田寮工作，每天都會從阿松伯屋後經過。收工後每人都挑重擔回紙寮窩家。他遇到父親會關心說，摸黑走遠路，擔子不要太重啊！在地農家收工後可以完全休息；而我們得挑著擔子，長途跋涉回家，實在很辛苦。

記得某年正月，田裡剛撒下稻種，半夜雷雨忽至。父親擔心尚未著根的稻種會被大雨沖壞，立即穿上簑衣，戴上笠帽，赤腳直奔三里路外的秧田堵水。在黑濛濛的大雨夜，父親在田邊與阿松伯不期而遇，原來阿松伯也是因大雨驟降，趕去巡秧田。

他跟父親說，以後遇下大雨，你不必老遠從家裡趕來巡田水，他會順便幫我們放水或堵水。父親聽阿松伯這麼說，內心非常感動：「說那就多謝您了，阿松哥。」後來每年春雨驟降時，父親信任阿松伯，很放心沒趕去巡田水。白天父親到田裡一瞧，秧苗完好無損，這全是阿松伯體恤父親幫的大忙。

阿松伯的確是位善良仁慈的好人，平時我們到田裡工作，他會提一大壺茶水到田邊，給我們解渴。他還不忘提醒父親說，孩子還小，隨意跟著大人學樣做就好，別累壞了身子骨。

民國四十六年七月，三弟因染日本腦炎，父母親帶他去新竹省立醫院住院治療。那年我不足十六歲，外表長得像個大人，體力比大人還差得遠呢。弟弟住院已超過一星期，仍未出院返家，哥哥大病初癒，身體虛弱，么妹小學剛畢業，二弟讀小學，三弟、四弟尚未上小學，最小的五弟才一歲多；還有祖父，家裡老小七八口，只有二姐和我有勞動能力。

某天午後，我們把弟弟和家事丟給么妹照顧，我和二姐加緊腳步，趕往田寮鋤蕃薯。我仗著自己體格好，貪心地把蕃薯塞滿兩大菜籃，蕃薯上面再塞滿蕃薯藤，二姐那一擔甚至塞到籃耳高。她挑起我這擔掂重量，說太重了，會壓壞身體，便從兩籃裡各抽出幾條較大的，放進她籃裡。

我和二姐說，我試過了，我挑得動，於是把二姐抽出的蕃薯，又塞回自己籃子裡，二姐也只有依我。於是，我倆在天色漸暗時，挑起沉重的擔子，往回家的小路前進。

經過阿松伯屋後時，正巧遇到他扛著鋤頭回家。阿松柏看到我姐妹倆挑著滿滿一大擔蕃薯，好像很沉重，他好意說：「放下擔子歇一會吧！」

我剛放下擔子，他卻蹲下身挑起我那一擔，掂一掂重量放下後說：「阿玖子，這擔太重了，我挑都吃力，妳還沒長成大人哪！挑太重會把骨骼壓壞啦……」他低頭自語說不行，便動手把我大籃裡，高出籃沿的部份抽出，擺在水井邊，同時也把二姐挑的抽出一些，說：「這些蕃薯暫時擺在水井邊，明天再來挑回吧！」

擔子也的確太沉重了，我這才走兩百步遠，兩條腿就有點抖了，唉呀，這重擔哪能挑三里路啊！二姐和我商議後，決定依阿松伯之意，明天再來挑回留在井邊的。

當我姐妹倆挑著變輕的擔子，在蒼茫的夜色中趕路，感覺腳步輕快許多。到達屋崁下時，聽到父親的說話聲，知道父母親帶三弟出院回家了，內心有說不出的高興！

四十七年秋，我隻身到台北幫表姑煮飯看孩子之後，就再也沒見到善良慈藹的阿松伯了。但他老人家對我姐妹倆的關懷之情，永遠銘記在心坎上，不曾忘懷。

田寮風光

父親是佃農，租用的農地約一甲五分多，地籍屬於竹北鄉，位在離我家芎林鄉——紙寮窩，有三公里之遙的頭前溪畔。這一甲多農地，父親和二叔各耕一半，我家的耕地位在大水圳的上游，田地並不連壤，有些分散零落；二叔的耕地在大水圳下游，就在田寮前方，比較集中，好管理照顧。

二叔的田尾與下屋雷家交界處，有一座牆基以石頭堆疊半人高，上面再以竹片編為牆，高達屋頂的橫向簡陋瓦屋，屋後是整排茂密的防風翠竹，這就是「田寮」。

田寮前面進門左邊那間，釘了張簡單的大木板睡鋪，做歇息住宿之用。睡鋪前平行一大間，放置各種農具如：鋤頭、犁、耙、割耙、碌碡、畚箕、竹籮、風車等等。進門這間做飯廳，吃飯時把大米籮放中間，上面置一塊四方大木板，就是一張活動的吃飯桌。

田寮中間有一大堣磚柱子，最裡一間，是黏土拌稻草做的土堣磚所推砌的四方「大鍋灶」，灶旁置一個大水缸，用水就從田寮左邊的水圳汲取，沉澱後再用。田寮左側有一間沒有門柵的牛欄，供耕牛安歇休息。田寮大門右邊有一間三步見方，用稻桿圍成的無頂露天陽春洗浴間，前方有塊不大不小的空地，邊上有幾棵芭樂樹，爬滿牽牛花蔓。

我三歲稍能記事時，每年春秋兩季蒔田時節，和收割稻穀的農忙時期，我和長兩歲的哥哥，即隨媽媽到田寮住下。媽媽必須提早一天，挑著食物盤碗，和換洗衣物到田寮。我因年紀太小走不了遠路，媽媽挑的大菜籃，一頭裝滿應用物件，另一頭讓我坐在菜籃裡，我就抱著不重的衣物。媽媽就這樣挑著擔子，往頭前溪畔的田寮前進，哥哥緊跟在後。

蒔田時節，為順應節氣，都在「雨水」之後「秋分」之前進行，集中在十幾天之內完成。插秧師傅難請，八分地要趕進度，五位師傅，快則一天方能蒔完，師傅少時則須一天半。媽媽一早準備早餐讓師傅填飽肚子，再落田工作。十點前媽媽要挑點心到田邊給師傅補充體力；中餐後到晚餐之間再挑一次點心，晚餐在田寮吃。

晚餐後媽媽收拾妥當，再挑著擔子，在蒼茫的夜色回紙寮窩家。

晚上換二嬸進駐田寮。插秧後一個多月內，須除兩遍草，等待六月收割之前還要施肥料，拔除稗子雜草。

農曆五六月，割第一期稻，要一兩天才能割完，這時必須住田寮。媽媽每天準備早午晚餐外，另加上午和下午兩次點心，正餐師傅回田寮吃，點心則必須挑到師傅工作的田邊。媽媽還得趁空檔，把師傅挑回的穀擔篩乾淨，耙成一壠一壠曝曬，不時須翻動。

做曬稻穀的禾埕這坵田，必須種早熟的「在來米種」，收割後鏟去禾頭，做成中間微微隆起，兩邊斜下形狀，以利水流。禾埕地面是用牛糞與田土混合敷上，再拖大木頭，滾碾壓實而成。

割完稻，農事一波波進行，非常緊迫。這時雖不住田寮，媽媽每天仍得從紙寮窩到田寮曬穀子，那時沒有腳踏車，三公里路全靠兩條腿。父親先犁好一塊地，耙平後注水，再撒下稻種。接著使牛隻犁其他的田地，田土翻過來後，再用「割耙」耙平，最後注水入田打「碌碡」，將土打均勻，以便第二季插秧。

做這繁瑣農務時，我們在田寮與二叔同鍋煮飯，配菜則自備，這樣可工作一整天，不必來回奔波，節省時間，收工後回紙寮窩家。

割稻住田寮時，媽媽在田寮邊水圳提滿一缸水，待沉澱後用來煮飯燒茶水。六月天赤日高掛，非常炎熱，媽媽要篩稻穀，又要煮飯，便把跟上跟下的我放在水圳泡涼，免得我纏她不能專心幹活。

圳溝邊有塊很大的平面石頭，表面光滑，媽媽就在此洗菜、洗衣裳。大石頭前中間正好有一個小水缸的寬度，圳溝上下兩頭比較狹窄，圳溝水流不疾不徐，我坐在流動的圳水裡面，不虞被水沖走，媽媽很放心。

我就那樣光著上半身，泡在像水缸一樣的圳溝中，玩得挺快樂。圳溝兩邊浮動的水草中，有小魚小蝦悠游，還有小黃鰻游來游去，我興奮地伸手去抓，但是它太滑溜了，怎麼也抓不著。伸手往水底掏一把沙泥，竟然掏到幾粒蛤蜊，真好玩哪！

我五歲時，哥哥已讀小學，妹妹才兩歲，蒔田割稻緊工時期，就換妹妹坐大菜籃讓媽媽挑，我則緊跟在後。從紙寮窩山村出來，經過一段兩面稀落房舍的後車路街道，到上山村的金水橋，前面是一條筆直，一眼望去似無盡頭的石頭路，走到底後右轉，改走高低不平的羊腸田埂，七枴八彎，才到達自家田寮。

夏天住在田寮，躺在木板床上，徐徐的涼風穿過竹牆縫鑽進來，涼爽舒服極了，媽媽也不必為我們搧涼。在昏暗如豆的煤油燈下，我看到一條蛇在石頭牆角游移；還有鼠輩們吱吱喳喳地追逐；壁虎瞪著大眼睛，慢條斯理，爬上爬下，好在媽媽掛了大蚊帳，把那些爬蟲隔離帳外。相隔不到三百公尺遠的頭前溪，豐沛湍急的水流聲，嘩嘩地嘶吼，在這夏日的夜晚像悅耳的樂音，催我入夢。

白天媽媽曬稻穀，我就獨自到田間漫遊探險。有時走到堆高的石頭駁田埂上，摘那攀爬的金銀花；要嘛撥開帶刺的藤蔓，摘取那誘人的紅色野草莓吃，那既酸卻帶微甜的汁液，滿足了我小小的好奇心。

抬頭仰望炙人的夏陽，天空是一片藍，飄移著瞬息萬變的白雲，真是美極了。翹首再遠望白雲下的五指山巒，青翠連綿的山峰，高低起伏；近處可看到芎林街後的王爺山，而我們溫暖的家，就在王爺山後面；看似很遙遠，又覺得它近在眼前，望著它，內心不禁湧起一股親切甜蜜的暖流。

田寮前面約兩百公尺處，橫亙一條高大厚實的石駁，它擋住寬闊的前頭溪，溪的對岸就是關東橋，那是一片步步高昇的紅土台地。從西邊的新竹城往東，有一條火車鐵道，沿著頭前溪岸，迤邐經過竹東，開往內灣。

每天總有好幾班次火車經過，可清楚聽到火車經過的「嗚——嗚——」長笛嗚叫。那條黑色像大蜈蚣蠕動的火車，很有節奏地往竹東奔去；車過處，沿路留下發動火車動力的蒸氣，縷縷大白煙，又白又濃，冉冉而升，再漸漸消失於無形。爸爸就依據每天火車經過的班次，判斷作息時間。

寧靜祥和的田莊，一天突傳有癲狗（狂犬）出沒，隘口外婆家有一鄰婦，不慎被癲狗攻擊後，一直感到口渴，走到圳溝掬水喝，卻一頭栽入水中而溺死。

狂犬的特徵據說是兩眼直直盯著，低頭行走，尾巴下垂夾於兩股間。媽媽在禾埕翻稻穀，忽聽上屋下厝鄰人，手持臉盆，猛力敲打，驚懼大聲喊：「石駁上有隻癲狗來囉！」警示大家注意防範。媽媽聞聲，丟下翻穀子的木耙，一手把我抱住，往田寮跑，把我和妹妹鎖在裡面，不讓出來。

我好奇地趴在田寮竹編的牆縫往外看，果然看到一隻黃色的大狗，低著頭，垂著尾巴，朝石駁西邊慢慢走去。我太小不知厲害，還以為好玩呢！癲狗出沒鄉間那一陣子，可把媽媽嚇得像驚弓之鳥，一聞狗吠聲，便豎耳凝神，神色緊張，幾無寧日。

秋收後，日短夜長，白天作息時間縮短，當雞蛋黃的日頭在西邊落海前，大人就得收攏稻穀，堆得尖尖像座小山。我們幫著大人把禾桿拖到穀堆周圍，大人從下而上，一層一層覆蓋。小孩兒不曉事，大人在忙，卻總愛纏著媽媽喊：「肚飢啦！」媽媽停下手中的工作，伸手往田邊綠叢一指：「去去，去拗禾筍（茭白筍）吃吧！」有媽媽的允許，我撒腿奔去拗白胖的禾筍充飢。

夕陽西下，爸媽收工後，各自挑著擔子，走出高低不平的田埂小徑，往那條筆直無盡頭的歸路前進。偶一抬首，可清楚看到排成人字形的大雁，歸巢的隊伍一波一波，姿態優雅地飛往林木蔥鬱的「飛鳳山」棲息。

當稻穀曬乾後，爸爸望著堆在禾埕的幾座小山沉思。幾天後地主即顧牛車來，載走他應收取的租糧，我們農人一年辛苦所得，已所剩無多，其中還得繳田賦、付工錢、肥料錢等等支出……這就難怪，禾埕堆了稻穀，卻不見爸爸喜悅的笑顏了。

稻穀運走後，禾埕空無一物，田寮生活也近尾聲。初冬已進入枯水期，在地農家就到頭前溪，磊石錯開水道，攔水捉魚。一時之間整個頭前溪，人聲沸騰，一群人用畚箕、水桶、臉盆等各式道具去撈魚。看到水桶裡活蹦亂跳的魚蝦、螃蟹，真是誘人！害得我和哥哥心頭癢癢地，真想摻一腳下溪去摸魚。可爸爸說，那是別人攔的魚，我們不能捉。

這段農忙時，隨爸媽在田寮生活的快樂時光，因屆就學年齡而結束。但這些美好甜蜜，既刺激又溫馨的記憶，已深深刻鏤在我童稚內心深處，永難忘懷，雖已過了半個多世紀，純樸的田寮風光，仍常浮現腦海……。

一個父親的眼淚

政府開放大陸探親後，翌年維經和我去拜訪一位返鄉探親回台的同鄉，想請教他，了解那邊的治安和民情。

這位同鄉比維經年長幾歲，當年他是以國軍身份隨部隊來台的，退伍之後轉任公職。他安定下來後，不久便在台灣娶妻，生了二男四女，而他在大陸老家原有髮妻，生有一男一女；髮妻仍住在老家，長子已年過五旬。

他和許多當年來台的人士一樣，父母由髮妻侍奉終年，兒女全靠妻子拉拔長大。其艱困的環境和勞苦的生活，可以想見，說來令人動容，心酸不已。

當維經與這位同鄉，在客廳討論探親搭機出入境，應注意事項時，我則與其太太在一旁閒話家常。大嫂人挺樸實，看似口拙不善言詞，其實她是個精明能幹的女子。我們邊聊邊走進廚房，我謹慎地問她，可想隨先生返老家看看？

她忽以怪異的眼神斜視我一眼，然後說：「我不敢回去，我怕他們打我……」我說妳是長輩，他們怎麼會打妳？

她目光游移，臉有慍色，憤憤地說：「我們一家人在這裡生活數十年，過得好好的，哪裡曉得他在老家早有老婆，還有一大群孩子！他回去一趟花掉不少錢，我很不甘願啦，這些錢，有我半夜起早磨豆漿，賣早點辛苦賺來的，我自己平時省吃儉用，他卻一下拿二十多萬元回去。哼！」

這位大嫂憤憤地說：「我一看到他老婆和孩子的相片，心裡就很生氣。後來那邊寄來的信，我就把它撕掉，丟進垃圾桶，不給他看。」

我聞言驚愕不已，同情地看著她，溫和地說：「大嫂，妳不可以這樣，妳應設身處地為她想，若是她把你丈夫的信撕掉，妳作何感想？妳沒聽說過『家書抵萬金』嗎？妳先生為國家拋妻棄子，跟部隊遠走他鄉，這是時代所造成的，是不得已的事。何況四十多年來，他的父母全靠妻子侍奉終老；家裡沒個男人養家，一個婦道人家赤手空拳，拉拔孩子長大，多麼艱辛，多麼不容易啊！」

「大嫂，妳不但不能敵視丈夫的髮妻，妳應該同情她，憐憫她，甚至打從心裡尊敬她，感激她才是啊，畢竟妳們是一家人嘛，比誰都親不是嗎？」

她聽我這麼說，便低下頭，沈思不語，似有悔意。

我進一步說：「妳應該跟先生一塊回去，看看家裡那位大嫂，親口向她表示謝意，感謝她代先生奉養父母之恩；感激她四十多年來，堅守家園，讓妳先生有家可回，與兒女重敘天倫。」

兩年後的清明節，我終於可以陪先生回鄉掃墓。在我們諸事準備妥當，臨動身之前，這位年過七旬的同鄉，特別跑到我家來。那時他似乎有病在身，身體虛弱，精神萎靡，我請他到屋裡坐，好慢慢聊。

但他卻一屁股坐到樓梯階上，雙手摀住臉，像個受委屈的孩子，嗚嗚地哭出聲來，泉湧的淚水從他指縫溢出。他哽咽著從褲袋裡掏出一對金耳環說：「請幫我帶回老家給我女兒……」我接過金耳環，說一定幫忙帶到，請他放心。

他用手抹去眼淚，對我說：「弟妹，老弟比我有福氣，娶到妳這樣識大體，又明理的太太。我家那個黃臉婆，心胸狹窄，連一根頭髮都容不下；同樣是自己的親生骨肉，這邊四個女兒，我都供她們讀到高中畢業，幫忙找工作；結婚時都買房給她們住，雖然不算大，但總可以遮風避雨，有個家啊！老家的閨女，我卻什麼也沒幫上。自去年老婆與我返鄉回來後，她經濟大權在握，平日我要花用都受到限制……唉呀！如今我只能送對小小的金耳環，給女兒留作紀念，盡個做父親的心意……」

他邊說邊抽咽著，淚流不止，令我手足無措。望著他瘦弱佝僂下樓的身影，心中一陣悸動，雙眼不禁濡濕了。

我與維經在四月上旬探親返台時，還幫這位同鄉，帶回他長子託帶的兩大瓶治癌症水藥。在老家也才聽聞這位大嫂與夫回老家，卻在那邊鬧得雞犬不寧，大吵大鬧，害得長子向她下跪磕頭，求她息事不要鬧了。唉！真是丟人！

六月底，這位同鄉的長子，申請來台探望父親。他與久別的父親團圓不到四年，父親卻不幸罹患不治之症，眼看即將離他遠去，怎不令他悲傷，惶恐難安！他在醫院衣不解帶，細心照顧父親。短短一個星期，他父子倆朝夕相聚，是他此生感到最幸福，最難忘的寶貴時光與記憶。

就在端午節之後，陽曆七月，這位滿懷愧疚，內心寂寞悲傷的父親，在長子親情的守護下，含笑而終，可謂了無遺憾了吧！

善良的譚大嫂

民國七十七年中秋之後，一天維經的同鄉高德聲先生來電話，說他在宜蘭電信局服務的兒子，發現佈告欄上有人尋找維經的消息，留有聯絡電話。

初聞家鄉有人找他，維經很激動。經電話聯絡後，就在那個週日，由高先生相陪到宜蘭找這位聯絡人——譚金漢先生。相談之後，維經始知髮妻還健在，並領養堂弟維蘭之子，已有一雙孫兒女了。

原來這位譚先生，就是入嗣子克梓生母的表弟。

維經說譚先生是位國軍，民國三十八年隨部隊撤退來台，退伍後，住在宜蘭眷村裡。太太是宜蘭人，是位家庭主婦，兩人育有男女各一；女兒就讀國立台灣師範大學，兒子就讀高中，姐弟俱是優秀青年。

譚先生是位憨厚的老實人，他說他在香港啟德機場下機後，通關坐火車直接到深圳。孤單一人出遠門，不諳那邊的情況，入陸後，他把身上帶的美金，全部換成人民幣。他就這樣揹著一袋紙鈔，坐長途火車北上回淄川。

他說離鄉四十年，父母早過世了。所幸妻子仍健在，唯一的兒子也四十好幾了；兒子是個木工師傅，收入不豐，因此生活條件和我們這邊有些差距。家人幾十年的別離，生死不知，在這有生之年，總算一家人團圓了，真是蒼天有眼啊！

承譚先生熱心幫忙，我們與老家親人終於聯絡上。維經於民國七十八年元月三十一日，啟程返鄉與妻兒團圓過春節。年後擇日上墳掃墓，祭拜父母，完成探親掃墓之心願，於二月二十三日返台北。同時帶回許多封同鄉尋親的聯絡資料，並到三大報社刊登尋親啟事。

暑假維經和我專程去宜蘭市拜訪譚先生，感謝他鼎力相助，使維經如願順利返鄉與家人團圓。

譚先生體態有些發福，紅光滿面，講話很有精神，不失軍人本色，樂觀開朗，待人親切。譚太太是位善良樸實的女性，雖是初次見面，她態度隨和，感覺很親切；她不大會講國語，我就以不甚靈光的閩南話與她交談，溝通無礙，倒也愉快。

那天譚大嫂特別為我夫妻加菜，她的烹調手藝很好，一盤花枝炒芹菜、清蒸鱸魚、香菇筍片燴海參，還有鹹酥蝦等菜餚，太豐盛了。感謝她伉儷熱誠款待，我倆盡興而歸。

患有高血壓症的譚先生，據說平時喜歡喝兩杯小酒遣興。不料一天他忽然腦溢血中風了，家人搶救不及，就這樣與世長辭，令人驚愕！那年是民國八十年九月，距我們去答謝他不到三個月。

譚先生的兒子，讀中央大學時，一天與同學忽來台北我家。他長得比父母俊秀，彬彬有禮，懂事可愛。他跟維經說，父親過世後，媽媽整理爸爸的遺物，發現西裝口袋裡尚有四百多元人民幣。媽媽叫他帶過來，說伯父若返山東，請幫忙把這些錢，送到老家給娘；雖然為數不多，但她們用得著……。

我聽了內心很感動。由這件事，我深深感受到，譚大嫂不但是位善良仁慈的人，而且很細心，非常難能可貴；要是換了別人，不可能為這區區數百元人民幣，託人帶回山東，她認為丈夫的妻兒用得著，而作此決定。

維經於民國一百年冬往生後，克梓兒來信說，爸爸在世時，媽媽要服侍他老人家，現在爸爸走了，而且弟弟的孩子漸長，媽媽不必太為他們操心了，得空回老家來住些日子，讓他和媳婦也有機會侍奉，孝敬您老人家……我捧讀之下，雙眼濡濕，感動久久。

於是，我在民國一百零二年，由恕兒夫妻陪同，於清明節返山東淄川老家掃墓。並攜回維經他親筆撰述的「王維經九十自述」一書，把它供奉於墓前祭拜，告慰他在天之靈。

恕兒要上班，八天後，他夫妻先返台，我留下長住兩個月，享受兒孫繞膝的天倫之樂。

暑假返台後，想起二十多年未再見面的譚大嫂，十分思念她，想與她見面好敘敘，順便帶些家鄉的紅棗、枸杞、木耳給她品嚐。那時忠兒一家出國旅遊，我與譚大嫂電話聯絡後，獨自搭國光號到宜蘭市，依她電話上指示，下車後叫一輛計程車，直接開到她家。

到了那裡才曉得，她早已遷離鄉下老舊的眷村，另購這三層樓的透天厝。幸虧電話號碼沒改，不然我們就此失聯了，豈不遺憾！譚大嫂年逾八旬，身體硬朗，膚色健康，精神體力不輸年輕人，非常樂觀健談，對人總是粲然朗笑，令人感到歡欣愉悅。

她說女兒當國中老師，夫家經營果園，平日很忙，難得回來看她。兒子在新竹科學園區上班，兒媳在桃園工作，因此，住房就買在桃園市；已育有一雙兒女了，假日會帶妻兒回宜蘭與母親相聚。

譚大嫂得意說，這棟透天厝，是孝順的兒子所購置的，一樓出租讓母親收用。她說丈夫走後，她可領先生的一半薪奉，生活無虞。

二樓有衛浴、廚房、一間臥房，前面是寬敞明亮的客廳；三樓全是臥房，四樓屋頂種植花卉盆栽，既可欣賞怡情，又可遮陽。譚大嫂就以上下樓澆花做健身運動，其實她每天起早都到宜蘭大學操場，作操散步。她神秘地向我透露，說三十多年前，曾花錢買昂貴的「冬蟲夏草」養身，至今雙眼明亮，不須戴老花眼鏡，我聽了羨慕不已。

我問她，可曾去山東丈夫老家看看？那位大嫂可好哇？她聽了歡喜說，數年前兒子和女兒曾陪她回去過，說著她忙找出譚先生髮妻的相片，讓我瞧瞧。

她笑說：「老譚大陸的老婆長得比較好看啦，很文雅內向，不像我這麼粗陋！」我回說大嫂太客氣了，人的相貌俊醜，只是外表而已，最重要的是善良的內在。

她笑說老譚是軍人，就是老粗一個啦，但他本性憨直忠良。一次他忽問：「我家裡有老婆，妳吃醋嗎？」又說：「我帶錢回去給她花，妳會不高興嗎？」

譚大嫂大方回他：「我又不是小家子氣的人。你的老婆是父母給你娶的，又不是我們結婚之後才冒出來的，我吃那門子醋啊！再說錢是你賺的，拿多少錢回去，都是應該的啊！」

我一聽，對譚大嫂肅然起敬，她識大體，明是非，真是太難得了。聊著聊著，她突然想起，說上次去山東，她給家裡那位姐姐兩仟元人民幣，兒媳各一仟元，孫子每人伍百元。唔！現在想起來，當時給太少了，應該多給一些才對，真後悔當時沒多給……「唉呀！我們都老了，以後也不知能再回去看她嚒？」

我勸她說，不必為此掛在心上，有那份誠懇的心最珍貴。我說這多年來，那邊的生活水平普遍提高，大家都過得很好，妳不必為他們擔憂。

譚大嫂為了要招待我，特別請她住在板橋的女兒回來陪我。大嫂的為人很坦誠，她不諱言曾經離過婚，說這個女兒就是她與前夫所生的。

她說小時候，兄弟姐妹多，家庭貧困，因此沒上過學，所以不識字，十幾歲就到台北市仁愛路有錢人家裡幫傭。她說那個年代的婚姻，都是媒妁之言，父母作主的，她十八歲時就被父母喚回嫁人了。

譚大嫂的前夫貪杯中物，喝醉了就失去理性，對她動粗。她覺得自己又沒作錯事，幹嘛被揍？她很不服氣，因此大膽提出離婚。父母勸說，離婚後帶著一個孩子，以後怎麼嫁人？後來經人介紹認識譚先生，他認為譚大嫂的人很實在，不在意過去，兩人就結婚了。而女兒乖巧懂事又可愛，老譚也接納這個孩子，她也一直蠻孝順老譚呢。

那天中午，譚大嫂和女兒請我到一間港式餐廳吃飯。女兒點的菜，她吃得很合胃口，頻說：「厚呷！厚呷！」她說因為不識字，不會點菜，特別叫女兒回來幫忙，我聽了很感動。我說大嫂今天吃的菜，把妳愛吃的叫女兒寫在紙上，哪天妳想吃，帶著紙條自己來點，她聽了說：「也是喔！怎沒想到？」

飯後回到譚大嫂的透天厝，聊到三點多，我才和她女兒一道去車站搭車回台北。譚大嫂善良樸實，誠懇熱情，我倆對人生的看法與想法很契合，很談得來，相處令人愉快難忘，只可惜彼此住得太遠了。而且近年我有重聽的毛病，打電話問候，擔心雞同鴨講，聽不清楚，不方便。可我真想念這位善良實在，爽朗健談的譚大嫂呢！

心結

外子的老同事——賀先生，是生長在海邊的南方人，他是一位身材魁偉、氣宇軒昂的美男子，與同事們在一起，有鶴立雞群的優越條件。民國三十八年來台後，在一所高中擔任教務主任；他為人正直，做事認真，很得同事們的愛戴與尊敬。

一天，上面分發來一位教英文的陳老師，她長得嬌小玲瓏，聲音甜美，是位多才能幹的女老師；教學認真，很能激發學生求知的上進心。老賀對她一見鍾情，學期伊始，老賀就請他兼任教學組長。男未婚、女未嫁，又近水樓台，朝夕廝磨，日久生情，兩人漸漸滋生了情愫。

交往一段時日後，老賀大膽向女方家長提親。陳老師的父親，得知他與女兒年紀相差十七歲，認為不大合適；猜想他在大陸可能已娶妻室，並未爽快應允婚事。

他教女兒問老賀在家鄉可曾娶妻？從實招來。

賀先生因為太愛這位女老師，而隱瞞事實，斬釘截鐵說：「未曾婚娶，孤家寡人一個。」

女方家長和兄弟們，皆是學有專精的醫生家庭，兄弟們也反對這門親事。賀先生急著想結婚成家的願望，被門戶和年齡所限，因此，只得先停下觀望，耐心等待機會。

雖然不再提婚事，但老賀與他的意中人，意志堅定不受影響，交往反而更頻繁，更親密，大有非君不嫁，非卿不娶之概。就這樣過了一年多，就在年關將屆之時，女方家長突然要老賀準備婚事。這突如其來的大好消息，讓他興奮得手舞足蹈，欣喜若狂。

原來其準岳父說，長女未嫁，擋住後面弟妹們的婚事。依台灣習俗，好像上面的兄姊未婚嫁，下面較小的弟妹則不可超前，而必須等兄姊婚事辦妥之後，才輪到後面的弟妹們。

婚後，老賀欣逢政府實施延長九年國民義務教育，而幸運搭上了順風船，當上國民中學校長。賀太太很有志氣，為了不讓娘家兄弟看扁，下班後，在自家收學生教補習，增加收入。不數年就購置一幢一樓的大房子，令娘家人對她倆刮目相看，不敢置信。

他夫妻一共生了三千金。下班後，太太把孩子交給只管行政，不必準備教材的丈夫照顧，自己仍在家開班授課，賺補習費。她天性上進，利用假日到研究所進修，獲得更高學位；因此，她大膽辭去高中教職，在一所大學擔任講師。

孩子還沒上高中，太太就通過副教授審核資格，更上一層樓，當上正式的大學副教授。三個孩子大學畢業後，一個個展翅高飛離巢，飛到新大陸去深造。在彼結婚生子後，落地生根，都成了外國人啦！

老賀夫妻倆，在忙碌二十多年，女兒成家後，又回到簡單兩人對望的生活。之後老賀屆齡退休，太太信心十足，積極撰寫升等論文，一心一意要當大學教授。

這年政府開放大陸探親，老賀自不例外，想回老家看看。太太說你離鄉幾十年，依年齡推算，父母恐怕早已不在世了，家裡沒有親人，你回去做什麼？萬萬沒料到，老賀幽幽地向她吐露埋藏在內心深處的秘密，原來他在大陸早有妻室的事實！

精明能幹，顧顏面的賀太太，乍聽丈夫在老家早有妻室，幾如五雷轟頂，讓嬌小的她，一時也按耐不住脾氣。她其實並不擔心先生會變心，因她心想夫妻分別幾十年，沒在一起生活，早就沒感情了，只是她臉上掛不住，這要如何向父親交代？如何面對兄弟妹的質問？她不由埋怨丈夫當年為何不明說……老賀說：「當年我若明講妳會嫁給我嗎？」

賀太太想想，說的也是。雖則如此，老家還是要回。

他夫妻回到老家，老賀的髮妻並未出現，她很納悶，也沒有多問。但是家裡卻有一位老婦人，老賀跟她說那位是「大姐」。單純的賀太太，那裡曉得大陸人都娶「妻姐」啊！

不久外子正在辦手續要返鄉探親，我們因此登門拜訪，請教老賀，想多了解那邊的民情和經濟狀況，心裡好有個準備。老賀說兩岸的生活條件，是有些差距，你若要返大陸探親，可在台灣付費，買一台彩色電視機，在大陸取貨，非常方便，不必自己拖著受累。

賀太太一聽，把我拉到一邊低語，她說：「妳千萬別讓先生回去，一旦回去，回來會有很多後遺症，我就不讓先生再回去。妳先生與老婆分別五十年，早就沒感情了，回去幹嘛呀！勸妳別多此一舉，自找麻煩！」

我回說維經非回去看看不可，不然心裡不安；而且那位姐姐領養一個兒子，也有孫兒女了，畢竟我們是一家人，比誰都親啊！不是嗎？

賀太太說，老賀家鄉那位老婦人，可能就是他的妻子，但老賀跟她介紹時說是「姐姐」，那婦人見到她有些拘謹，也不說話，只是老盯著她瞧，賀太太猜測她並非是老賀的姐姐。那位姐姐的女兒天天來家裡，可是，她那個年過不惑的女兒，長得實在太像老賀啦！

我耐心聽完賀太太複雜的敘述，真是滿頭霧水。心想人同此心，心同此理，幾十年不能改變的事實都過去了，何必計較？人生苦短，生也有涯，何必在意這些那些，大家敞開心胸，開開心心，見面團聚不是很圓滿愉快嗎？

後來，老賀被妻子限制，果真沒再回老家。

老賀身高體胖，本來就患有高血壓症和糖尿病，現在退休在家無事可做，整天悶悶不樂。一次我夫妻去看他倆，外子與老賀交談時，看他目光游移不定，眼神呆滯，真是判若兩人，我倆吃驚不已。

賀太太說和老賀談話時，他都面無表情，整天不吭不語，她為此很焦急憂心，說先生好像有些失智了……有一次老賀出去散步，竟回不了家，嚇得她四處尋找。

賀太太很愛老公，立即陪他去看心理醫生。吃藥一段時日後，沒有起色，依然故我，她這才警覺事態嚴重，升教授的論文也不寫了，馬上辭去教職，全心全意照顧老公。

老賀真的失智了嗎？外子問他：「我是誰，你還記得嗎？」發現他眼神怪異，斜瞅維經一眼，似笑非笑，面露有些詭譎莫測的表情呢！

告辭後，外子說，一個人心裡若不痛快，什麼毛病都會蹦出來；他回不了老家，心裡鬱悶，無處發洩，我看他不會是做「無言的抗議吧？」

幾年後，老賀不幸加入洗腎行列，加上心血管疾病，多病纏身，痛苦不堪。最後夫妻倆，走入無聲無息的寂靜世界。

我想，賀太太一定很後悔，當初不讓丈夫再回老家的限制吧……這世上有治百病的良藥，可惜沒有治「後悔」的良方！

命

民國八十二年六月，某日我突接到維經的族弟——維堡撥來的電話，他在電話那頭聲音哽咽，悲痛說：「經嫂，我大哥走了……經哥在家嗎？」

乍聽噩耗，我啊了一聲，當下愣住。

待維經接聽後才了解，維堡他大哥——維基弟，在醫院因腦溢血突然倒地不起，一句話都沒交代就往生了。

原來維基就讀專科學校，尚未成年的小兒子，因無照駕駛發生車禍受傷，被警方送往醫院急診。事後據其長女雅鈴敘述，說父親接到警方電話時很慌張，穿上鞋子立即往外奔，維基他有高血壓症，平日有服藥控制。雅鈴看父親急著往外衝，追上父親，提醒他別著急，先服降血壓藥，她再陪父親一塊去醫院但是維基沒理會女兒的建議，心裡惦著小兒子，不知他傷得怎麼樣？雅鈴帶著父親的藥，鎖好門追趕出巷口，沒瞧見父親的身影，想他應該叫計程車趕去醫院了。

當雅鈴趕到醫院時，在走廊看到有人聚集圍觀，議論紛紛，她趨前望去，「啊！」不好了，居然是他父親躺在走道上，一動也不動；只見醫生在他身邊站起，搖頭離去，父親隨即被救護人員抬上擔架，往太平間送去。

雅鈴目睹整個場景，當下頭暈目眩，無法站穩身子。她不敢置信，十幾分鐘之前還好端端的父親，竟然就這樣無聲無息地走了……。

慌亂中，她一時不知要怎樣面對這殘酷的事實。雅鈴扶著牆走向電話亭，撥電話給她三叔，告知父親往生的噩耗。

待維堡三叔趕到醫院，看到姪女孤單一人，雙手抱膝瑟縮在走道邊上，急忙問：「妳媽媽呢？她知道妳爸爸走了嗎？」雅鈴紅著淚眼，囁嚅說：「媽媽跟寺廟裡的同修，去外縣市交流，不知她現在人在哪兒，沒法聯絡……」

維堡哭紅了眼，頓足大嘆一聲，拉著姪女先去太平間，看醫院怎樣安置哥哥的大體。之後他才到急診室看小姪子，只見他傻傻地躺在病床上，胳臂包紮了紗布，頭面挫傷處有塗藥水，並沒斷手斷腳，傷得並不重。

唉呀！維堡他心疼大哥為何那麼心急？不先看看兒子傷勢？其實姪子並無大礙啊，他卻因兒子一時的莽撞，丟掉一條老命，真是不值得啊！

我夫妻倆趕到醫院，看小姪子若無其事地半躺在病床上。我小聲問維堡弟，這孩子知道他老爸走了嗎？維堡搖頭說怕影響他的心情，尚未告知。我氣得說，你看他一副毫不在乎的樣子，倒像沒事一般，應該好好訓他一頓，讓他清醒清醒，好好反省，他的所作所為，對家人傷害多大！

維堡無奈說，都是被她媽媽寵壞的。我說她閩南人有句諺語：「寵豬上灶，寵兒不孝」，她有三個兒女，為何特別寵么兒？我實在不明白。

維堡弟把我拉到一邊，低聲說：「我大嫂要大哥把小兒子改從母姓，以後祭祀鍾家……唉呀！一切都是命，當年我大哥是明媒正娶她進王家的，並非入贅女家。孩子改母姓之後，大嫂光疼母姓孩子，對長女長子不那麼關心。孩子對母親的差別待遇，時有怨言，她卻置之不理。」

維堡又說這小子闖禍事端不只一回；他常在同學面前耍流氓，大剌剌地說：「你們別擔心，我爸是上校……」這次竟致膽大妄為——無照駕駛！

離開醫院前，維堡終於告訴這闖禍的不孝子，說他父親是因他而去世的。這渾小子，乍聽父親已去世，臉色大變，雙手握拳大聲咆哮：「怎麼會這樣？怎麼會這樣……」雙手蒙面「嗚——爸爸……」地哭號。

維基弟是位軍人，當年他隨部隊撤退來台時，把正就讀小學五年級的小弟——維堡給帶出來，他非常疼愛這個弟弟，以長兄兼父職照顧弟弟成長。維堡結婚生子後，他於六十二年冬才結婚，對象在師院當職員，是家中四姊妹中的長女，沒有兄弟，婚後即辭去工作。

維基弟婚後，在台北市興隆路購買一樓公寓定居。先生長女，再育長男，過幾年再添個小兒子。那時維基已從軍中退休，上面安排他在另一個單位兼職，他善於理財，家裡經濟不錯，生活無虞。

我們遷住松山區之後，維基就很少來家走動。維經是獨生子，自小沒有兄弟，在台灣孤伶伶一人；因此每年春節正月，我倆會帶孩子，先到附近虎林街給維堡拜年，再到興隆路給維基拜年。維堡會帶兩個兒女來回拜，但維基弟妹，未曾來我們家拜訪。

記得維基弟妹生小兒子坐月子時，我們去看她，但見維基弟忙進忙出，一會兒洗衣服，一會兒在廚房收拾，一會兒又……無暇坐下聊一會。看他一個年近六旬的男人，笨手笨腳，為家庭瑣碎忙碌，真是難為他。我們老遠來看他們，已盡兄弟關懷情誼，坐一會，適時告辭。

政府開放大陸探親後，我才聽聞維基弟在老家有髮妻，還健在；家裡有一個弟弟，排行老二，維堡是老三，下面有個妹妹，但沒聽說有孩子沒。

維基老家有結髮妻子，他這個老婆知道實情後，很不是滋味，所以他沒急著回老家去看看。七十八年維經首次返鄉時，維基託他幫忙帶一千元美金給髮妻。

維基念著髮妻還健在，終究還是得回去看看才心安。於是他帶著這個老婆回淄川，但他老婆卻不願同他回老家，而去住外面的旅館，不曉得是啥意思。

回台北後，老婆向維基攤牌，要丈夫賣掉現住的公寓房子，換買一棟有電梯的樓房住；並強調此房產必須登記在她名下，她才有安全感。維基聽了，無奈笑說：「我整個人都是妳的了，難道還不放心嗎？」

後來證明，他老婆自私的作法，大錯特錯了，因數年後他的舊居門前開闢一條大馬路，周邊的房價因此飆漲，價格以倍數計，真是後悔莫及啊！

得知維基弟喬遷新居，一天我和維經買了禮物，特別去看他，向他倆祝賀。那是棟七層樓華廈中的四樓，內部格局還蠻雅致，舒適宜居。當我倆在客廳坐下後，維基弟進房裡跟太太說我倆來家，意即請她出來會客。

過了十幾分鐘，仍不見「弟妹大人」，維基只得進廚房倒兩杯白開水待客。我曉得他有一個未婚的妻妹，一直住在他家，想是弟妹和妹妹在聊天吧！我們寒暄一陣，又過了十分鐘，仍不見弟妹人影。

維基二度進房裡去——「請」，她還是不出來見客，未知她哪根筋不對？我和維經倆坐在客廳很無趣。一般基本禮儀，家裡有客來訪，必禮貌表示歡迎，奉茶款待，坐下寒暄幾句，以盡主人待客之道。

但維基弟這個老婆，好大的架子，我和維經坐了半個鐘頭，她都不願出來打聲招呼，維基弟面有難色，三入內屋恭請，她就是不出來見我們，我給維經遞個眼色，兩人即起身告辭，維基弟送我倆到電梯門口，拱手直說真失禮。

後來想想，或許維基後來不來我們家走動也是因為老婆的關係吧？

從不來我家的維基弟妹，一天突然沒來由地打電話來問說：「經嫂，這投稿要怎樣寫？」我一霎時被她問得滿頭霧水。

我回她：「妳要寫文章投稿是嗎？喔，文章必須謄在有格子的稿紙上。發表文章時可用本名或筆名；在文章後面要留姓名和通訊地址，或電話，如要退稿，須附足夠的郵票等等。」

我這樣清楚說明，她應該聽得懂吧！

維基弟走後，聽說長女雅鈴，分得一些現金和股票，嫁給一個在日本教英文的美國人，隨夫住在東京。

維堡弟心疼大姪子內向老實，建議大嫂把現住的華廈，登記給長子，內湖那棟給小兒子，但弟妹並未接納小叔善意的建言。在嫂子眼中，他大哥這個嫡傳長子，倒像個外人似的，不受他母親的關愛和重視。維基去世後，得到政府照顧遺族，他老婆可領取丈夫的半成薪資，生活無虞。

九年後，雅鈴曾回台北探視母親和弟弟。她很念舊，向她維堡叔問到我家電話地址，還特地來看我倆。見面時她說三叔身體違和，變得很瘦很瘦……言下不勝憂心。中午我們在樓下小餐館，請她吃午飯。看善良懂事的姪女，不受母親關愛，遠嫁國外，無親無故，孤獨生活，好心疼。我叮嚀她一人在外，凡事要小心謹慎，注意身體和安全，她聽了兩眼含情脈脈，說謝謝大伯父伯母關懷……。

民國一百年，維經往生（維堡先維經離世）後，一天我到虎林街看維堡弟妹。他的兒子在父親去世後，才生一對兒女，稍可慰藉弟妹孀居的寂寥。

談起她大嫂，問她們一家現在可好哇？維堡弟妹瞪大眼睛，說：「別提了，這個女人啊，她好毒的心腸哦，好好一個家，全被她毀了，房子賣了，孩子散了，一家人早已失聯，不知她們搬到哪去了？幾年來沒半點訊息……」

我聽了，不禁嘆道：「一切都是命！」

畢可安與宋昌林

民國八十四年（一九九五）夏，維經的堂弟——維絡來信說，「山東京劇藝術學院」的一級琴師——畢可安先生和專攻花臉的宋昌林先生，這兩位在大陸頗有名氣的藝術工作者，接受台北市某個社團之邀請，將到台北授課指導。屆時他開計程車的朋友成先生，會與維經電話聯絡。

那是一個炎熱的夏日，晚上七點，我夫妻倆坐成先生開的車，來到敦化北路復旦橋旁，田文仲先生的公司辦事處二樓。見到從山東家鄉來的畢先生，維經握手言歡，感到很親切。

原來田先生的夫人——王海波女士與宋昌林先生，師出同門，兩人就是師兄弟啦，他倆來台北，田先生義不容辭，提供住處。畢先生長得很斯文，算是比較細緻的山東人，那天他沒課，就待在公司看電視聊天。

約莫九點後，宋先生從外面回來，他手裡拎個塑膠袋，他一進屋，提起袋子裡頭的幾顆蓮霧，說台灣的水果貴的嚇人哪！「喏，喏，就這幾顆小不點，就花掉我兩百多元……」

我說蓮霧是嬌貴的水果，量少價高，我們從來不買。

宋先生這才發現，屋裡除了畢先生和成先生外，還有兩位陌生的男女在坐。他不好意思地摸摸發亮的光頭，說沒注意到，失禮失禮。經畢先生介紹後，始知維經是他的山東老鄉哩！宋先生看維經年長，便稱維經「大爺」。

畢先生說九月下旬，有一場宋先生和王海波女士飆演的「包青天」大戲，屆時請我們務必光臨捧場，我倆同聲說一定前去聆賞。

維經當下約他三人，這個週日中午，到舍下包餃子。

那天我和好麵團，拌了一鍋豬肉餡料；另外準備兩三樣滷菜，和一盤白菜涼拌粉皮，一鍋排骨綠竹筍湯。

晌午時分，三位先生準時蒞臨。大夥先坐下喝杯熱茶，聊一下，就動手在餐桌上的木板揉麵，擀皮的擀皮，包餡的包餡。他們山東人吃餃子，都是自己動手，從小看大，都會擀皮，也很會包，不一會工夫，就包好了百來個「元寶」。

我在廚房下餃子，維經在餐桌上擺碗筷、酒杯。一會兒白胖的餃子端上桌，他們四個大男人，一邊品酒，一邊聊天，像過年一樣開心熱鬧。

飯後，我在廚房收拾碗筷，他們轉移到沙發上坐，吃水果喝茶，聊得挺熱絡。維經取出照相機，我們拍了好幾張合照，留作紀念。

九月十二日，宋先生在「國軍文藝活動中心」公演，不售門票，當晚觀眾暴滿，把整個戲院連走道都擠得水洩不通。畢先生在台上優雅嫺熟司琴，演員在台上賣力演出，博得觀眾叫好連連，掌聲如雷。

結束後，我和維經到後台，向畢先生和宋先生致意，宋先生尚未卸裝，即與他合照留念，更俱意義。

民國八十五年冬，宋先生第二次來台北，他太太也一塊來。他倆住在國父紀念館附近的「國聯大飯店」，我和維經特地去看他伉儷，宋太太也是一位平劇演員。宋先生說他這次是在「國家劇院」演出，主辦單位把優待券掐得很緊，他特別要求，無論如何要喬兩張票給他，宋先生誠心誠意要請我夫妻前去觀賞，盛情令人感動。

維經對平劇，可說是門外漢，一竅不通。記得一次朋友送的貴賓券，坐位在第三排中央，那齣劇是徐露和王福勝演的「霸王別姬」，他倆的實力堅強，演得太精彩了，讓觀眾屏息聆賞。我在一旁不時小聲提醒維經：「不要打瞌睡喔！」

那是我第一次看花臉戲，唱的是昆曲，非常悅耳動聽。楚霸王和虞姬在垓下，兩情繾綣，難分難捨的劇情，緊扣觀眾心弦。沒想到散戲後在回家的路上，維經說沒料到一個成天耍槍弄劍的老粗，心思這般細膩，深情款款，柔情萬千，難分難捨！

十二月二十一日晚，我倆準時來到國家劇院，觀賞宋先生的表演，當晚他太太也粉墨登台。今天的劇目是「李逵探母」，宋先生飾演李逵，李逵在回家途中，在溪邊水中看自己的倒影，那股子思親孺慕的嬌態模樣，細膩柔軟的身段，叫人讚嘆不已，他的做工的是了得，博得觀眾熱烈掌聲，一片叫好。

我們事先已約好，待他下戲後，有禮物送他。我倆到後台坐電梯下到地下室，但那邊警衛森嚴，我倆不得其門而入。我懇求警衛說是跟朋友約好的，如見不到宋先生，我們就是爽約了，很失禮。我要見的人物，是今晚演出的大主角耶！

警衛一聽，馬上撥電話通知找宋先生，由宋太太接聽後，她立刻出來接我倆進入化妝區。後台很多工作人員，人聲雜沓不方便，那時宋先生夫妻還沒卸裝，我們四人匆匆拍了幾張合照留念。

我倆不好逗留太久，他們也很累，卸裝後回旅館休息，翌日就要搭機回大陸，我們送上禮物，依依握別。

民國九十一年（二〇〇二）三月，我夫妻返山東老家掃墓。找一天，特別從淄川到濟南看維絡堂弟，同時由他陪同去看畢先生和宋先生，那時他倆剛分配到新房子，而宋先生也當上「山東京劇藝術學院」的副院長了，恭喜他。

距上次在台北握別後，倏忽已過了六個年頭。

我們先到畢先生新居，見到他的太太和他的小女兒。他有兩個姑娘，長女在北京當演員；小女兒在「東方航空公司」擔任空姐，值勤往返濟南和青島。

畢先生的小女兒，長得很甜美，多才多藝。畢先生介紹新居內的裝潢設計和擺設，說全出自小女兒巧思，談到兩女的成就時，臉上滿是驕傲和欣慰的笑容。

佛說：「人生無常」，豈料我倆從大陸返台後，一天接到維絡來信，他信上說，畢先生二姑娘出勤，在青島過夜，與另兩位空姐在住宿處沐浴時，不幸吸入一氧化碳而身亡……這意外太突然，令人震驚，不敢置信，惋惜不已！

維絡信上寫道，畢先生驟失愛女，完全不能接受事實，整個人都快瘋了……。

民國一〇三年（二〇一四），同鄉摯友傅武光教授，與當年師大的同學，為紀念教他們平劇的——關文蔚老師，百歲誕辰，在台北「國軍文藝活動中心」盛大演出，傅教授飾演「珠簾寨」裡的李克用一角。同學們畢業後，各奔西東，難得齊聚一堂，傅教授特別自費備三桌酒席，招待前來捧場觀賞的至親好友，我很榮幸也受邀參與盛會，真是感謝。

其他同台演出的同學親朋好友，也有七八桌。一位飾演「包青天」的票友，端著酒杯過來向傅教授致意，他長相魁梧，嗓門寬洪，真是演花臉的不二人選。他坐到我身旁，我對他讚嘆說：「先生，您的嗓門真洪亮啊！您出場，一開口全場觀眾就被您天賜的金嗓驚懾了！」

他客氣地說見笑了，我說，我一位山東朋友，跟您一樣專攻花臉，在大陸頗有名氣，您應該認識，他一聽，說：「宋昌林！」我說對呀！就是他。

這位先生聽了直搖頭，嘆口氣說：「可惜啊！可惜，他已經走了⋯⋯」我以為耳朵聽錯了，忙問：「此話怎講？」他幽幽地說：「是酒害了他，他是得肝癌走的⋯⋯」我說怎麼可能？他應該不到六十歲吧？正值壯年啊！

這位先生說：「才五十九歲，已經做到『山東省京劇藝術學院』副院長了。」他說在台北，宋先生曾對他表示，說：「您的嗓子，若長在我身上該多好！」

唉呀！又是「人生無常」，事事難料，當年與我並肩一同觀賞宋先生表演的夫君，也已往生三年了。受傅教授之邀，前來聆賞喜愛的平劇，意外聽到正當壯年，演藝顛峰的宋昌林先生，也已做古了，聞之令人不勝唏噓！

茶會多奇遇

民國六十三年秋，我們從南區舊宿舍，遷到四周皆是稻田的松山區宿舍，那時忠兒剛上託兒所的幼兒園中班，恕兒正滿三歲。

春節之後，維經邀請山東同鄉的大家長——耿占元大嫂，和高德聲先生，來舍下餐敘。古道熱腸的高先生，還是我夫妻倆的大媒人呢！

吃飯時，高先生以期待的眼神鼓勵我，說：「弟妹啊，妳兩個孩子大些了，不須花太多時間照顧，有空可以再寫寫文章投稿呀！」

我連初中都沒唸，胸中無甚墨水，少年時無緣升學，所以特別喜歡看書，以彌補失學的缺憾。因喜愛文藝書籍，婚前曾不自量力，寫了幾篇小品文，意外闖進中央副刊文藝園地。

婚後忙於顧兒，料理家務，只有在孩子午睡時的空暇，走馬看花，快速瀏覽中央日報副刊文章，根本沒有閒情逸致寫文章。這七年來，為了孩子和家務，忙得幾乎無暇接觸書本，吸取新知，經高大哥關心提醒，令我心驚不已。

我猶豫一陣子之後，於是趁孩子午睡時，鼓起勇氣，提筆試寫一篇四仟多字的〈租書的伯伯〉（註一）投向中副，幸運受到編輯先生的青睞，竟一投就中，於四月初刊登，因此，令我信心倍增。

我再接再厲，以孩提時在家鄉常飲用的各類茶品，如白杭菊、檸檬乾、芭樂葉茶、柚子茶等的散文〈清香四溢鄉思湧〉（註二）投向中副。這篇三仟多字的文稿，編輯先生把它轉移到「家庭版」於五月見報，令我欣喜萬分。

九月台北市有兩所國民中學——南港和萬華兩國中，首創國中夜補校，讓早年失學的民眾一圓求學夢，維經鼓勵我報名就讀。同學中年紀最小的十六歲，最年長者四十七歲，我是第二年長，年過三十五。開學後，我被推舉擔任班長，服務同學，十月參加校內演講比賽，獲得第二名，獎品是一本蔣經國先生的著作《寧靜致遠》我開心極了。

校長——李咸林先生，為了讓我們這群白天工作的老學生，除了讀書求取知識外，能多一項陶冶靈性的藝文活動，特請平劇界頗負盛名的姜、濮兩位琴師，教我們唱比較簡單的平劇。

我本來就非常熱愛演繹忠孝節義的平劇，尤其欣賞演員精湛細膩的作工，和悠揚悅耳，婉轉動聽的唱腔，在家常聽唱盤跟著唱「武家坡」自娛。

這天，姜老師突問學生：「哪位會唱平劇呀？我司琴你們來一段吧！不要不好意思。」我舉手說曾跟著唱盤哼過「武家坡」，他面露喜色說，「那就來一段吧！」

我便大膽哼起「一馬離了西涼界，青的山、綠的水，花花世界，薛平貴好一似，孤雁歸來……」姜老師說我的嗓音不錯，臉型方正，個子也不矮，適合唱老生。有空多下些工夫，說不定哪天可粉墨登場票一段呢！

可是，我每次唱到——「洞賓曾把牡丹戲，莊子先生三戲妻，秋胡曾戲羅氏女，平貴要戲自己的妻……」就忍俊不已，唱不下去啦！

薛平貴當年別妻離家出征，王寶釧為他苦守寒窯一十八年，每天挖野菜果腹。他榮華富貴歸來，看到妻子在挖野菜，理應奔向前擁抱賢妻，向她賠不是才合情理；豈料薛平貴竟興起調戲妻子的下流念頭，這樣的男人，實在太可惡！

且說那秋胡，他家貧，與羅氏結婚三天，被迫從軍，羅女守貞不肯別嫁。十年年後，秋胡官拜中大夫，請假回家，途中見採桑女，便以黃金引誘她，此女不肯。他回家後，羅女返家投訴婆婆，原來採桑女正是秋胡的髮妻，羅女大罵他不義，欲與他離婚。秋胡之母以杖責兒，勸慰而罷。

秋胡這小子，也真可惡，自己從軍離家十年，都是妻子奉養婆婆；他途中見女色竟起淫念，挑逗採桑女，真是該打一百大板，以示懲罰。

之後，姜、濮二師又教我們唱簡單易學的「蘇三起解」，三週後，同學們都琅琅上口，下課時就哼：「蘇三離了洪桐縣，將身來在大街前，未曾開言我心內慘……」

放寒假前，得知愛班的李導師，將於元宵節在「中央日報社」的員工新春晚會，演「四郎探母」中回令的蕭太后一角，可惜我們沒有戲票，不能前去觀賞。

六十五年春節前，我接到「中央副刊」的作者新春茶會邀請函，真是受寵若驚。心想自己才發表兩篇散文，怎麼好意思去參加那名家雲集的盛大茶會呢？維經鼓勵我去參加，見見世面，也可多認識朋友。

我這個泛泛之輩，有些心虛，進入電梯才把名牌別在左襟上，在簽到處領了報社所贈的專用稿紙。踏入會場，見到各年齡層的男女來賓，每人臉上洋溢歡欣的笑容，喜氣洋洋。王主編正在台上以主人的身份，向來賓致歡迎詞，對我們表示謁誠的歡迎，並逐一介紹文藝界大老先進，讓我大開眼界。

我靦腆地躲在大柱子旁，不期遇到一位年輕的小姐，她羞怯說：「真不好意思，我去年大學聯招沒考上，閒著胡亂寫了一篇〈落榜記〉，我才登一篇小文，就接到邀請……」我說報社很周到，受到邀請是我們的榮幸。

一轉身，巧遇白白淨淨，笑容可掬的——劉俠女士。她文靜地坐在輪椅上，我沒向她問好，只跟她說「幸會」，我也姓劉，很喜歡讀她的文章，她每一本書我都有買。她聽了微笑說：「謝謝！」

坐在一旁的「席」姓（註三）女士，微笑對我說：「妳也受邀啊！」她仔細看我的名牌（不是筆名），然後說：「沒印象！」我說自己沒讀什麼書，數年前曾登過幾篇小品文，已八年沒投稿了；去年提筆再寫，幸運登了兩篇散文，因此受邀。

她聽了側頭問我，妳沒讀什麼書，怎麼知道寫文章投稿？我說自來喜愛文學，常租書來看，每天讀「中央副刊」文章，很羨慕作者的文章登在報上，所以試試投稿。婚後忙於照顧孩子，已荒廢多年沒寫啦！

她忽問我，妳先生是做什麼的？我誠實說，外子是位高職學校的教務主任，也是英文老師。她聽了「喔！」一聲，望著我似有所悟，說：「難怪！」

我愣在當下，非常納悶不解，心想丈夫教英文，跟我喜歡爬格子投稿有關係嗎？

正在此時，一位當招待的女士，笑盈盈走過來，我看到她胸前別的名牌是——劉克銘，之前看「中央日報」時，一直以為她是位男記者，這會兒才恍然，原來她是位美麗的小姐。聽李老師說，她將在報社員工新春晚會上主演「鐵鏡公主」一角，真是機不可失，我立刻向前打招呼：「啊！劉小姐，原來妳是位端莊美麗的女士啊！之前我一直誤認妳是位男士呢！聽說今晚妳要主演「鐵鏡公主」，我很喜歡平劇，可惜我沒有入場的戲票。」

她一聽握住我的手，開懷說：「妳也是一位戲迷呀！難得，真難得。」她回頭與一位同仁說：「瞧！我這兒又多一位觀眾啦！」

原來報社辦新春茶會，所有員工記者都當招待，服務文友。劉小姐親切說，妳待在這兒別離開，我這就去拿戲票給妳。我覺得劉小姐善良又熱心，沒有架子。

當晚我早早進入「實踐堂」的表演廳，裡面早已坐滿期待的觀眾。開鑼之後揭開序幕，待楊延輝表完身世之後，坐在宮苑中自思自嘆，沒待他嘆完；扮相艷麗，氣質高貴的鐵鏡公主，懷中抱著小阿哥，阿娜多姿步出場，熱情的觀眾，立刻報以如雷掌聲。

天哪！劉克銘的扮相真是美極了，唱腔甜潤，溫婉悅耳動聽；舉手投足，身段走步，與科班出身的名伶，可說毫無軒輊，可見她是下過工夫的！

今晚舞台上的所有演員，聽說都是愛好平劇的社會人士，共襄盛舉，粉墨登場的票友，演蕭太后那位乾旦，據說是位銀行的經理呢。李老師最後出場，她飾演回令的蕭太后。我因為參加中副茶會，有幸觀賞全本的「四郎探母」名劇，真是意外的收穫和難得的體驗。

一週之後，我參加台北市各報副刊，在中山堂舉辦的聯合新春茶會。我與一位曾在「彩虹出版社」出過一本散文集的林王雨（國小老師）小姐坐在一起，我倆都是客家人，聊得很開心。忽看到林佛兒，身穿牛仔褲，腳蹬長統靴，手上挾根香菸經過，我倆很訝異她有抽菸，林小姐說，「她好時髦呦！不大像寫文章的。」

散會時，我倆被「彩虹出版社」的黃社長，一同邀請到衡陽路喝咖啡。同行的有台大的左海倫教授、文化大學的胡品清教授，以及「中央日報」主筆趙滋藩先生，和「青年日報副刊」胡秀（筆名呼嘯）主編，還有一位是大名鼎鼎的作家墨人（張萬熙）前輩。

這幾位教授和名作家、主筆、主編，我倆都不認識，但他們都很隨和親切。我和林小姐聽他們天南地北，聊得很愉快。喝完咖啡，黃社長請我們去「心園」吃晚飯，他們都是有學問的長者，我這無名小卒不好意思跟去攪擾，表示要告辭。

左教授一聽，說難得有緣相聚在一塊聊天，就一塊去吃飯吧！我表示先生和孩子等我回家。左教授從皮包裡掏出一枚硬幣給我，說：「妳若不放心孩子，撥個電話告訴先生一聲，就說咱們一塊去吃飯，晚些回家。」盛情難卻，心裡充滿感謝，欣然同往。

胡教授人如其名，高姚清癯，口若懸河，非常健談。她說能閱讀五種文字書報，常用四種文字書寫詩文，真是位能人。墨人先生溫文儒雅，不大說話，面帶微笑，只是靜靜地聽他人高談闊論。

趙先生口才極好，談笑風生，很幽默，令我們笑聲不斷。他忽問我筆名為何？我說「劉琦香。」他又問：「妳的本名呢？」我寫在紙上（註四）他一看說：「妳的本名很好啊！為何要用筆名？」我回說這是一位鼓勵我寫文章的前輩幫我取的。他聽了恍然說「噢！原來是這樣啊！」

胡秀主編客氣對我和林小姐說，以後有稿子可以寄給「青年日報」，不一定要寄「中央副刊」嘛！趙主筆等聽了哈哈大笑。

左教授的為人真好，善良細心，讓我如沐春風，放鬆拘謹，內心很感謝。吃飯時，她問我平時做何消遣？我說兩個孩子才四歲和六歲，精力充沛，我每天照顧他倆就忙得暈頭轉向，精疲力竭；得空最愛看電視播出的「平劇」節目，尤其喜愛老生的唱腔。

左教授笑咪咪對我說，難得妳那麼喜歡深奧精緻的國粹，時下一般年輕人都看不懂，妳愛老生戲，可買唱盤跟著學唱，但一定要買余叔岩的唱盤，在大陸他唱得最好。

回家和維經聊到，左教授就像一位母親，那樣和藹可親，一點架子都沒有，叫人仰慕親近。維經說，這就是有學問，有涵養的長者風範！

註一　見《白雲悠悠思父親》書中之〈祖書的伯伯〉篇。

註二　見《白雲悠悠思父親》書中之〈清香四溢鄉思湧〉篇。

註三　多年後讀到席女士文章，內云：「相思樹開著一遍白茫茫的花。」我在鄉下長大，自幼只知相思樹是開「絨絨的橘黃色小花」，席女士誤認「白千層樹」為「相思樹」。

註四　我的第四本書《堅忍修得一世緣》是以本名出版。

啞女的晚年

我五六歲能記事時，常聽長輩提到「憨球」這個名字。

後來我終於知道「憨球」是誰了；當然憨球並非他的本名，那只是別人幫他取的外號罷了，他是先祖傳下的第五房之後，是六房子孫中，人丁最單薄的一房。他的輩份排在「興」字，比祖父晚一輩，因此，我要稱他為叔了。

憨球叔，人長得如其外號，憨厚老實，木訥內向，常獨來獨往，少與人攀談閒聊。他的父母早逝，沒有兄弟姐妹，也沒娶妻，孤單一人過生活。住在宗祠的右耳房，第二排廂房最後一間。

我讀小學時，有時幫祖父跑腿，到街上廣福宮樵坪（廟前廣場）買淡水魚；常見到憨球叔，他坐在廟裡深落安靜的前院，在那裡認真剖竹篾，編織畚箕、竹籃、蓮花籃等竹器販賣。他的手藝很巧，編工精細，器物美觀耐用，價錢公道，鄉人都會跟他買，因此，生活平淡無虞，安定自在。

不久我們紙寮窩這恬靜的小山村，出現一個年約二十來歲的陌生少婦。她的個子不高，皮膚白皙，臉型寬扁，五官還算不難看。我上學時在小路上偶爾會與她相遇，她對人總是抿嘴微笑，但從不開口打招呼，一手總是緊緊牽著一個四、五歲左右，長相清秀，天真可愛的小男孩。

一天，我發現這個小男孩與母親撒嬌時，不是張口說話，而是用手比劃，我這才發現這個少婦，是個聾啞的女子，我非常震驚。後來聽長輩說，這個啞女原本住新埔鎮，她丈夫逝去後，她母子倆被夫弟逐出家門。

一個聾啞的女子，口不能言，又不識字，帶著一個小孩到處流浪，無處棲身。她沒有工作，當然沒有收入，這叫她母子如何過生活？為了孩子，她顧不得顏面，只有帶著孩子沿街乞討；經常有一餐沒一餐，無法溫飽。天黑了，即找鄉間土地公廟，或大廟一隅，母子相擁度過漫漫長夜。

這對衣衫襤褸的母子，一天向正路過的憨球乞討時，善良的憨球，看這孩子長相清秀乖巧，挺可愛的，怎麼會落得與母親沿街乞食呢？天性善良的他，悲天憫人的惻隱之心油然而生。他與這個少婦比劃一陣後，遂把這對失魂落魄的母子，帶回紙寮窩來安頓，也就是把她當作妻子般看待，照顧其母子生活。

這個少婦，她只是不會發音說話，與憨球溝通時，只能發出「啊、嗯、唔」等聲音；但她很聰明，會觀察意會，什麼都懂，她也很珍惜憨球對她母子的好，信任憨球的安排。

她在紙寮窩安定後，每天攜兒上山撿拾柴薪挑回家，把它剁整齊，攘成柴結，挑到公館（芎林街舊稱）賣，換取微薄金錢，購買家用什物。

而憨球仍每天到廣福宮，勤勉編竹篾討生活。每天中午前，這個憨球嬸準時提著熱騰騰的飯盒，送給憨球叔吃，讓人們看了，都說憨球心慈收容啞女母子，得到好報，從此有人為他煮飯洗衣，好幸福喲！

之後，這個憨球嬸除了上山撿拾柴薪外，還幫鄰居鏟草摘茶，做零工掙錢，利用憨球荒廢的山園，闢成菜畦種菜賣。她雖然口不能言，但四肢健全，手腳靈活，非常刻苦勤勞。她身上雖然穿的是破舊的百衲衣，但總是綴補得整整齊齊，洗滌得乾乾淨淨，予人整潔清爽的良好印象。

兩年後，據說她的夫弟，也許是良心發現吧！還是自己沒有子嗣？一天他尋到紙寮窩來，見面後不由分說，硬是要從她手中搶走她的心肝寶貝兒子，她傷心哭喊，叫天不應，喚地不靈。後來經憨球安撫，比劃解說，孩子的叔叔帶他走，是要他回家去讀書識字，過正常生活，並無惡意……憨球嬸懂了，擦乾眼淚，為了兒子好，她無奈地接受了。

我小學畢業後，沒有升學讀初中，平日跟隨父母兄姐，上山落田工作，有零工做也不放棄，要嘛去幫人扛木材，或拖竹把，一心只想多掙些錢貼補家用。我去幫守笠叔婆太摘茶，或幫家井叔婆挑銀紙到新埔給她的客戶。

一回幫叔婆摘茶，剛好與這個啞嬸同行，另一位是守桐叔婆太。我們四人一塊爬上崗頂，再橫走一條平坦山路，即到叔婆廣闊的茶園。四人中我最年輕，我摘茶的速度還差強人意；叔婆太和叔婆倆年紀大，手腳就差遠了！我們摘的茶菁是論斤計酬的，一台斤四毛工錢。

啞嬸因不會說話，她就認真默默地飛舞雙手猛摘，像蠶寶寶吃樑葉似的「沙沙」前進，很快一壠摘完又換一壠。兩位老人家摘茶時，難免交談家中瑣事，這麼一擔擱，速度自然慢下來了。

中午回家吃飯（業主提供一頓午餐）時，啞嬸的茶簍，總是重得讓她揹不動，我對她豎起大姆指，表示她很棒，她便咧嘴開心笑了。我的手藝差，摘的茶菁也沒她的重，但也不輕，因此我就用擔竿挑我們兩人摘的，啞嬸就揹叔婆太那簍。到家一過秤，果然是啞嬸的最重，她有些靦腆。

憨球叔與啞女，相知相惜，平淡安定地過了許多年。一天忽聽說，憨球叔得病去世了，憨球夫妻倆家無亙產，又沒有積蓄，他撒手一走，啞女頓失依靠，也無錢處理後事。居住紙寮窩的宗親們，紛紛解囊捐輸，定要把憨球的後事辦妥，才不致被外人笑話。

守笠叔婆太，她三十幾歲就守寡，她六十大壽那年，兩個兒子幫母親備了一副本色壽材，為她添福壽，把它豎立在石階頭那間柴房的柱子邊。叔婆太高齡快八十了，她老人家聽說憨球過世無錢辦後事，就把這副喻意添福壽的壽材，送給憨球安身，宗親們合力，終於把憨球的後事圓滿辦妥。

遠房一位叔公的——妾，她的弟弟叫阿福，晚輩都稱他「福舅」，他未婚，與姐同住，平日幫姐姐家做農務，空暇則出外打零工，或幫人家撿骨骸。

這天，他也熱心來幫忙憨球的後事，當事情完了之後，眾人離去。他看到啞女孤伶伶，蹲在屋簷下，不住啜泣，怪可憐的。他突然想到自己也是孤單一人，何不帶她回家一起生活，兩人有個伴好相互照顧呢？

於是，他很誠懇地與啞女比劃一陣後，啞女懂他的意思，看他並無惡意，即點頭收拾包袱，跟在他身後。爬上崎嶇坎坷的橫龍山，翻過山頭，下坡的半山腰，就是福舅住的橫窩小屋。

之後我到台北工作，回鄉時偶爾會在街上遇到啞女，看她的精神氣色很好，衣著樸實素淨，可喜她已不再穿補丁綴滿的百衲衣了，我與她點頭打招呼，她還認得出是我，親切地咧嘴笑笑。聽家人說，她跟福舅過活之後，依然勤勞工作，沒白吃人家米糧，真是太難得可貴了。

啞女的兒子，自與叔叔返回新埔後，從沒來看望過母親，可想這個母親內心是多麼悲痛，空虛寂寞啊！好在福舅領養一個兒子，啞女克盡母職，照顧繼子衣食生活，這多少彌補了她失去愛子的思念和遺憾吧！

福舅去世後，她的繼子在芎林國小右後方，蓋一棟三間簡單的橫瓦屋，讓啞女居住，她上街出入也方便，不必再辛苦爬坡下崁，而且左右也有鄰居。

二十多年前我返鄉，在街上巧遇啞女，我驚喜與她打招呼，她當下愣住，似不認識我。我看她老許多了，身體變得很矮小；當然，我也不年輕啦，不再是民國四十六年時，十六歲少女的模樣了，難怪她一時認不出我來。告別後，我回顧她瘦小孤獨的背影，內心不禁戚戚然。

後來偶然路過，發現她住的橫屋，已老舊頹廢，似乎無人居住了。聽弟弟說，她在外地工作的繼子，回來接她去同住了。善良懂事的繼子說：「她跟了我養父，就是我養母，她老了，我有責任照顧她，奉養她終老才是。」

我聽了弟弟的敘述，非常感動。這位善良勤勞，受一輩子苦的啞女，終於有個幸福圓滿的晚年。我也由衷讚同她繼子的道德精神，不失中華民族盡孝道的傳統美德！

糖蒜解鄉愁

維經單身時，每逢舊曆年都受邀到住在竹東鎮，有家眷的山東一中同學——夏樹琛家相聚，分享他家庭溫暖和新年喜氣。

我倆結婚時，已接近除夕，維經感念同學給予的關懷和溫暖，因此，他決定於正月初五，邀請曾經在新莊中學共事，情同兄弟般的三位單身老師，來家相聚敘懷。

年齡最大的崔仲三老師（註），是維經山東老鄉，他在新莊中學擔任訓導主任，他目光炯炯，聲若洪鐘，精神很好，爽朗健談，目前在台北市建國中學任教。他講課精闢詳細，生動有趣，很受學生歡迎和愛戴。

陳寶昌老師是河北人，比維經長兩三歲，身材碩長，五官端正，溫文儒雅。他在新莊中學教國文，並兼任導師，他教學認真負責，很得同學們的敬愛。

劉道荃老師是湖南人，比維經年輕七八歲，身高體壯，一表人才，大概是眼光過高吧！年過不惑，仍單身一個。他也是教國文，離開新莊中學後，轉任台北成功中學。

劉老師人很隨和，說話風趣，崔陳兩位老師見到我，親切叫我——弟妹，他比維經年輕，見到我不稱「大嫂」，因是同姓本家，他就直接叫我的名字——玖香，我也不以為意，反而感到很親切呢！

之後暑假，維經就帶我去新莊看望陳大哥，維經未離開新莊中學時，住在學校宿舍與他比鄰而居，算是芳鄰呢！

陳大哥住的宿舍有兩間，進門這間是客廳，隔壁一間是臥室，他乾淨清爽，屋裡窗明几淨，書櫥和電視櫃擺設整齊，讓人感到舒適愉快。陳大哥都帶男生班，學生畢業後，常回學校看望他，讓他很有成就感。陳大哥指著書櫥說：「偌，這些家具都是孩子們送的。」說著，臉上洋溢寬慰幸福的笑意。

維經若單獨去看他，就帶上半斤香片，因陳大哥愛喝茶。兩人相談契合，常忘了時辰，維經就在那兒陪他吃午餐（當年宿舍有伙食團），我倆若同時去，通常在十一點前就告辭，不好打擾他。維經當年結婚時，手頭拮据，曾向陳大哥借八仟元應急，直到婚後三年才還訖。我倆視陳大哥為兄長，他更是我們的恩人呢，因此，每次去看他，總會帶些適用合宜的禮物，以表達感恩之意。

我是客家人，維經是吃麵食的山東人，為了滿足他麵食文化的口腹，我學做各類麵食，慰藉他思鄉念親情懷。後來我試著以洗米水醃製山東酸白菜，又嘗試醃糖蒜，每次吃麵食，維經敞懷就糖蒜時，就露出赤子般純真的笑靨。

一回去新莊看陳大哥前，維經思索著，該買什麼禮物好呢？我靈光一閃，福至心靈，說就送我醃的糖蒜吧！陳大哥是北方人，他肯定會喜歡。

到了那裡，陳大哥看維經拎了一小罐糖蒜，客氣地說來聚聚敘敘就好，何必破費買糖蒜？維經笑答：「這不是花錢買的，是內人自己醃製的。」

陳大哥一聽，忽眼睛一亮，「弟妹怎會醃北方的糖蒜？」他很好奇問。

吃中飯時，陳大哥開心地品嘗他懷念已久的「家鄉」糖蒜，他說我醃的糖蒜真香，以前他在台北南門市場買的糖蒜，白刺咧光，色澤淺淡，沒醃透不入味，與老家的有天壤之別。「弟妹醃的鹹淡、甜度合口，色澤深褐油亮，瞧著就讓人流涎。」

他開心說：「這可是咱北方老家道地的糖蒜哪！」維經聽了很得意，老婆會醃北方糖蒜呢。

知道陳大哥愛吃糖蒜之後，每年二、三月蒜頭上市，我就買它十二斤，剝去老皮，處理乾淨，即放在白瓷盆裡，撒上適量鹽巴醃，一天端起瓷盆拋滾幾回，讓鹽份均勻入味；兩天後，裝入洗淨，以開水燙過的廣口玻璃瓶，澆上醬油、白醋和適量二砂，封口醃泡。兩個月後即醃透，可直接取食，當打開瓶蓋的霎那，一股香氣撲鼻，令人脾胃大開。

從此之後，我每年醃糖蒜時，維經都送一大瓶給陳大哥「解鄉愁」。

陳大哥天性樸實節儉，平時只抽香菸，而不飲酒，所以身體還不錯。住在宿舍裡，除非必要，或參加朋友同事兒女婚宴外，極少外出。假日若有同事手癢，三缺一時，他就湊合著打幾圈衛生麻將，輸贏很少，不傷大雅。大半時光，他就以讀書為樂，或輕鬆聽中廣音樂，日子過得清淨自在，幾如老僧般淡定自得。

有家眷的同事，手頭拮据，會來向他求援，他心胸寬大仁慈，助人為樂，大方把存摺和私章交給對方，讓他自己到郵局領取。還存摺時他也不翻看結餘多少，同事來還錢，他就把存摺交給對方，待同事把借款存入，交還存摺，他仍不翻看，直接放入抽屜，他是這樣地信任同事，簡直就是有困難同事的救星。而他最令人尊敬的是，他從不對外張揚，誰誰跟他借錢的事。

記得忠兒三歲時，常往鄰家跑，去看人家的卡通電視。我們很苦惱沒有餘錢買電視，維經忽想到仁慈寬厚的陳大哥，即去向他借兩萬元，買了一台新力牌最新款的十八吋彩色電視。維經還錢回來說：「看大哥的存摺紀錄，進進出出，跟他借錢的不只我們呢！」

多年後，經人介紹竹北有一塊百坪出頭的建築用地，地主因兒子在台北市買房缺錢，為了助兒一臂，他忍痛割讓。地主開價三百萬元，朋友幫我殺到兩百五十萬，維經跑去向陳大哥借了四十萬元，加一加總數仍不夠。因此，我開口向經濟不錯的大姐商借五十萬買地，大姐說她的錢都是定存的，無閒錢出借。我懇求她，可否把定存解約，我先付利息給她，她就不吃虧，待土地過戶，我可抵押貸款還她。

大姐仍無動於衷，就是不肯幫忙。我心想我們可是同胞手足的親姐妹呀！陳大哥只是維經的同事，都大方把錢借給我們。唉，妳真是愧為長姐啊！不肯對妹妹伸出援手！

後來這塊地，當然沒買成。翌年竟飆漲至三仟萬，如今竹北市快速發展，這塊百餘坪的建地，據估市價已上「億」了。

我們福份不夠，地沒買成，維經立刻把陳大哥出借的四十萬元，如數還訖。我夫妻永遠永遠，感激大哥對我倆相惜支援的情義。

民國八十三年秋，陳大哥因罹患大腸癌（崔大哥就是因患此症往生的）在台大醫院住院治療，我倆得悉趕往探視。陳大哥的精神還不錯，只是身體瘦了一大圈，我倆內心非常著急。大哥他倒反過來安慰我們說：「人哪！生老病苦死，是正常現象，誰也避免不掉。」他看得很開，叫我們勿為他擔憂。他笑說：「古人說人生七十古來稀，我這都七十好幾快八十了，沒別的想頭。」

政府開放大陸探親時，陳大哥一度想返老家探親，之後卻沒有行動，是否因沒有勇氣，面對破碎的家園和離散凋逝的親人，害怕傷感而做罷，我們不得而知。現在他想通了，正欲返鄉之前，卻不幸身罹絕症。他坦然放下對老家親人的思念和牽掛，對時代造成他離鄉半輩子的遭遇，應該沒有恨了，但卻有憾，我和維經非常同情陳大哥，欲返鄉而不可得的遺憾。

八十四年元月二十二日，陳大哥往生，新莊中學老同事，劉老師、林老師、何老師和我夫妻聯袂到台大醫院太平間，虔誠為陳大哥上一炷香。當我低頭祭拜時，想到大哥昔日對維經的好，淚如雨下，哽咽說：「大哥，你一路好走啊……」

陳大哥走後，我就不再醃糖蒜，免得睹物傷感。維經民國一百年最後一天往生佛國，也快七年了，今年春天在鄉下小住，在市場裡看到成堆的新蒜頭，忽憶起維經和陳大哥倆，啖懷啖糖蒜的滿足歡喜模樣……我情不自禁買了五斤醃上，想想這或許是我懷念他倆的另種方式吧！

註　見《白雲悠悠思父親》書中之〈觀察員〉篇。

一〇七年四月

回憶點滴在心頭

民國三十七年九月，我屆齡入芎林國民小學，父母親務農，無暇帶我去學校報到，而委託隔壁家井叔婆，帶我與她的兒子，興交叔報到入學。

我的老師鍾有妹（鄧雨賢遺孀）點完名上第一節課，她以海陸話講日本童話故事〈桃太郎〉給我們聽。我自小聽阿公講古，覺得我們民間傳奇故事，比桃太郎精彩迷人。

老師講完後，問哪位同學會講述一遍啊？一位眼瞳黑又亮，個子瘦小的女同學舉手，於是，她端坐講台邊的椅子上，慢條斯理，從頭講到尾，一字不漏，老師誇她聰明記性好。這位女同學名字叫——彭秋月，在校成績名列前茅，當年我們五班畢業生，兩百七十幾人，就是由她上台代表全體同學，向學校老師致謝詞的。

記得畢業典禮那天，台下的來賓和家長，大多聽不太懂國語，但見彭同學盈淚欲滴和離緒滿懷的表情，只聽得台下同學和家長，感動得眼眶泛淚，一片窸窸窣窣聲。

台灣被日本統治五十年，民眾生活貧窮艱困，沒有能力供孩子讀書。蔣中正先生一到台灣，為提昇國民素質，掃除文盲，讓孩童接受國民教育，人人有書唸，在日治時代無法上學的超齡少男少女，政府鼓勵入學就讀。

因此，我畢業時虛歲十四，但同學中年齡最大的已逾二十一歲，還有不少十八九歲的畢業生呢！他（她）們超齡得以入學讀書識字，內心非常感激政府的德政。當時政府雖然大力推行講國語，學生在學校，全面禁止講方言；但政府並未強制學生回家不可講方言，這是開明合理的政策。

民國三十八年，國軍從大陸撤退來台，學校撥出教室給國軍暫住，我們低年級四班學生，朝會唱完國歌、升旗歌、做完體操，即到操場前方靠街的「文昌廟」廟殿兩邊走廊讀書。廟宇高聳深落，文昌爺主爐前院，全是長條青石板舖成的，平坦乾淨，清幽涼爽，的確是讀書的好所在，我們在此讀了一整年，才回到學校上課。

聽父親說，台灣多年來被日本政府壓榨，台灣珍貴的千年檜木和被日本強徵的好米、糖等物資，一船一船運到日本去。民眾生活艱困，打赤腳沒鞋穿，身上穿的是補丁滿綴的百衲衣，嘴裡吃的是蕃薯簽稀飯……此情此景，深鏤記憶，終生難忘。

國軍都是離鄉背井的大陸青年，他們一日僅食兩餐，即上午十點和下午四點各一餐。八人一組，蹲在地上圍著一盆像豬食似的「八寶大雜燴」我看了心裡很難過；想到在家餐桌（竹片拼的）上，雖然只有豆豉醬瓜和甕菜湯，但總是坐在竹椅上用餐，而不是蹲在地上。

三年級時，我國得到美國援助，有奶粉、麵粉、黃豆、舊衣物等。學校工友用大鐵鍋把奶粉攪勻煮沸，擺在教室後面花圃走道上，第二節下課，同學們依序排隊，各取一只迷彩鋁碗，校工就舀一勺到碗裡。我小心翼翼，捧著滿滿一碗，雪白濃稠，香醇的牛奶，一小口一小口啜飲時，想到家裡的幼弟，若有這濃稠的牛奶喝，該多好啊！

我遺傳了父親的繪畫細胞，每次作畫，不管是靜物素描，或是水彩畫，都被危振中老師貼到佈告欄上，我還偷偷幫同學捉刀，換取鉛筆。某次我畫一只典雅的水彩花瓶，瓶中幾條尾巴展開悠游的小紅魚，和水中浮動的水草，老師給打一百分，後來老師跟我要了這幅畫。一日與同學到老師家，她眼尖發現，說：「劉玖香，妳的畫貼在屋樑（日式橫樑低）上耶！」我往上一瞧，可不？

上五年級時，一位體格魁梧的山東籍朱老師，教我們歷史。他說我國軍民八年抗日勝利，台灣才回到祖國懷抱，要我們珍惜台灣光復，說著他掀起衣服，讓我們看他背上被日本兵砍傷的疤痕；那道長約三十公分的疤痕，從他的右後背斜向左後背，看了觸目驚心。當時小小年紀看到那條凹凸不平的疤痕，義憤填膺，恨死日本兵啦！

五年級下學期，我被級任老師指定代表全班去參加演講比賽。為了熟背演講稿，老師准許我在同學上課時，可離開教室到他處去練習，我就躲到教室後山的橄欖樹下背誦。高年級共二十位同學參賽，比賽那天當我在講台上發現下面的同學交頭接耳時，敏感地伸手搗住黑色裙（姑母的兩片裙）上的補丁，這一緊張把講稿段落顛倒了，我霎時面紅耳赤。下台後立刻向老師說：「老師，對不起……」老師失望地說：「牛頭不對馬嘴！」我聽了愣在當下，眼淚就要掉下來了。

之後我被教音樂的鄒老師選入歌詠隊，我唱低音。指定曲是《農家樂》，自選曲是輕快的《凱旋歌》，三十位男女同學，每天放學後，集中練唱。

學校規定全體隊員服裝要一致，父母親急忙向人借錢，上街裁布做了件長袖白上衣，黑色低圓領的連身摺裙，這也是我上學以來的第一套正式校服。

我們出賽前夕，在學校演練一遍給校長認可。翌日，鄒老師和羅智英老師帶隊，浩浩蕩蕩遠征竹東鎮，參加新竹縣各小學的「歌詠比賽」，我們很認真團結，努力把歌唱得完美，最後我們得到第二名，同學們高興得不得了。

民國四十幾年，鄉間馬路，都是高低不平的石頭路，巴士行進時顛簸搖晃，結果在半路上，放在兩位老師膝上小心守護的獎品——一面長鏡，「哐噹」一聲，摔得粉碎，老師錯愕！學生嚇傻！

民國九十八年，我在台北市中正運動中心游泳，巧遇多年未見的羅老師，我和她提到當年參加歌詠比賽，得到第二名的獎品，化為烏有的往事。

羅老師回憶說，當天下車後，她和鄒老師直奔玻璃行，自掏腰包買一面相同的長鏡，用紅漆寫上得獎名次和年月日，送到校長室交差。聽羅老師敘述，才知這段插曲。

十二年前某日，我們少數幾位同學餐敘，席中羅桂英同學說，當年危振中老師和鄭月秋老師，曾合資鼓勵她報名考初中。我聽了五味雜陳，心忖：「危老師最欣賞我的畫，他每次上課都預留時間，叫我上台說故事給同學聽。」我講父親講給我姐妹聽的「劉香女」一生行善積德得道的事蹟，同學們聽了都感動落淚。

而鄭老師每次上音樂課時，既使已敲過下課鐘了，她仍要我獨唱一曲快節奏的《凱旋歌》才罷。因此，每次我忘情高歌時，教室外面已趴滿傾聽的他班同學。

我在學校除了算術之外，其他科目都不錯，應算得上是優等生吧！可是這兩位我最喜歡的老師，怎麼把我遺忘了呢？八十八年我出第一本書《白雲悠悠思父親》時，想送一本給危老師，姪女美文（與危老師之子同事）說，危老師已經失智啦！我聽了很難過，贈書已無意義，只有嘆我師生倆無緣。

畢業在即，危老師上最後一堂課，要我們抄寫國歌歌詞和升旗歌歌詞，同學們每天唱，結果全班能把它寫完全的，只有幾位而已，說來真是慚愧！

危老師又教我們，說將來到社會上工作，與人相處，對他人的父母要尊稱：「令尊、令堂」；稱別人的兄弟姐妹，前面要加個「令」字，這是禮貌，不可疏忽。介紹自己家人時，要謙稱：「家父、家母、家兄家姐、舍弟舍妹。」我認真聆聽，牢記在心，終身受用不盡，感謝危振中老師諄諄的教誨之恩。

當回憶湧上心頭，那鮮明又清晰的小學生活，點點滴滴，歷歷如在眼前，那段快樂學習的時光，是童年最珍貴難忘的記憶，讓我至今年近八旬，仍感到溫馨又甜蜜。今欣逢母校一百二十週年誌慶，我滿懷誠摯祝福的心意，簡敘記憶中深刻難忘的片段，表達對母校師長教誨之深恩厚澤。

謹以此文祝賀母校「雙甲子誌禧」。

第九屆校友**劉玖香**寫於芎林
觀雲望月樓
民國一〇七年十月二十日

拜讀《虎衷文憶集》

這部《虎衷文憶集》內容豐富廣泛，全書數十篇文章裡，泰半詳述有關教學甘苦經驗，以及作者閱讀各種書報雜誌的感想和啟示，是值得一讀再讀的好書。

廖老師是位感情豐富、樸實單純之人，他愛鄉愛母校的熱誠和執著，令人感動。他擔任導師時，對學生的教導與督促，不遺餘力，就像一位母親對自己的孩子那樣溫和耐心。他注意每位學生的言行和學習態度，激發學生奮發的進取心，養成良好的衛生習慣；教導學生對師長的應對禮節，做個規規矩矩，有禮貌的好學生。

他擔任導師，責任重大，常以身作則給學生好榜樣。每天早早到學校，陪學生自習打掃；他非常注重學生服裝儀容，和教室周遭的整潔，以保持乾淨的學習環境。學生有過錯或怠惰，他耐心地一次又一次地糾正改進，直到學生覺悟；他從不疾言厲色責備學生，而以幽默詼諧的言語，溫柔表達對學生的要求，把學生當自己的孩子教導。這樣用心良苦，日久學生當然感受到老師的愛心，而心存成激，認真學習，才不愧對老師的一番用心。

書內記述母校名聲，曾一度衰敗沒落，令他非常憂心著急。之後，在全校老師勠力合作之下，重整校務，提升教學績效，使學生能如願考取理想大學，令他校刮目相看。學生畢業後，在社會上皆有出色的表現和成就，而得到更多更高的佳評與榮譽。

校友會百萬獎學金之成立，嘉惠多少力爭上游的優良學生，學業不致中斷，成果非凡，這是虎中校友會引以為傲的創舉。校友們為母校的學弟妹，踴躍捐輸，令人欽敬，應該喝采！

書中有幾篇，是描寫孩子成長過程中所發生的激烈衝突，這是一般孩子進入叛逆期時，在所難免的現象。這時期的孩子自主性很強烈，做任何事，都自以為對；而父母的開導指正，認為都是錯，一句話也聽不入耳，讀著讀著，我感同身受。

而今當年對父母強詞反駁的孩子，也已為人父了。多少年來，事過境遷，如今是無風也無雨，一切太平。

當老師，尤其是擔任導師，一早到學校，整天都為教導學生忙碌，或為學生排解紛爭，一直到學生放學歸去，才能喘口氣，但多半還得留校改作業，批閱週記，或備課等等。如有學生犯錯或逃學，還得與家長聯絡，到處尋找，對這樣麻煩的學生，就是放假日也得去作家庭訪問，以了解狀況，當老師真的太辛苦了。

老師們，之所以選擇讀師範大專院校，就是抱著犧牲奉獻的精神，有教無類，以教化學生為終身職志，無怨無悔的付出，真是太偉大了。

可是，當老師這樣忙碌，廖老師他怎麼還有餘暇寫作？因為他想把教學的寶貴經驗和心得，留傳給後進參考；又因他天性熱愛文藝寫作，且能持之以恆，而寫下這麼多，別人所沒想到的佳文篇章。他可說是位最懂得享受人生的實行者，一年三百六十五天，幾乎沒有虛擲半點光陰，充實又圓滿。

做為廖老師書信五十年的摯友，有幸能讀此文集，分享他的教學生涯，既豐富了我的生活領域，也增添了我的人生樂趣，真是獲益良多，感謝不盡。

民國一〇七年夏

憶兩兒學程際遇

位在台北市信義區的「中國大陸災胞救濟總會」下轄之「台北兒童福利中心」，是當時政府為安置從中國各地流亡來台的難胞，由谷正剛先生所創立。廣大園區，裡面有十幾棟二層樓相併的家庭式房子；有前庭後院，四周花木扶疏，環境清幽寧靜。

救總台北兒童福利中心，其實驗托兒所附設幼兒園對外招生，那時台北市公立托兒所極少，因此收費比一般私立托兒所貴很多。但它的環境良好，園區寬廣，孩子有充裕的活動空間，且師資不錯，家長們趨之若鶩，為孩子能搶到內定的名額，一度家長得半夜去排隊報名。

民國六十三年，忠兒幸運登記到名額，於九月入園讀中班上午班，這年秋我們也剛好搬到虎林街，與救總比鄰。忠兒每天早上由在工農職校教書的爸爸，步行送他上學，中午由我去接他回家。忠兒每天開心上學，交到許多小朋友，不但快樂，也增長了知識。

中午我帶著恕兒去接他哥哥，恕兒看到那麼多小朋友，聚在一起遊戲玩耍，露出羨慕的眼光，也吵著要上幼兒園。翌年秋即把恕兒送去救總讀「小小班」，恕兒因能和哥哥一樣上學，很開心，像隻快樂的鳥兒似的。他每天自己早早起床洗臉，吃過早飯，穿戴整齊，興致勃勃，跟哥哥手牽手，由爸爸送去上學，中午我做好飯菜，即去接他兄弟倆回家。

一日我幫兩兒剪指甲，一看忠兒的指甲怎麼十指全禿了？沒指甲可剪，心想他可能咬指甲了。我問：「你怎麼把指甲都咬禿了？」我說：「指甲很髒，那裡面藏有很多眼睛看不到的細菌，你咬指甲很不衛生，把指甲裡的細菌吞下肚子，說不定會感染而生病，以後不可再咬指甲了，知道嗎？」

我想孩子咬指甲，有自我慰藉的行為或轉移情緒作用，他在學校可能被排斥或受到什麼委屈了。一天傍晚，他忽喊：「媽媽，我的屁股好癢！」我拿面速力達母藥膏幫他塗抹一下解癢。

一天外子聽學校一位女老師說，她讀救總的兒子有蟯蟲，嚇得她把孩子的衣服，全用水煮沸消毒……。

忠兒三兩天就喊屁股癢癢，一週後，要幫忠兒剪指甲，怎麼忠兒的指甲仍是「禿」的！我生氣問：「你為何老愛咬指甲？不改掉壞習慣，把細菌吃下肚子，會生病的！」這會兒他又喊屁股癢，一臉痛苦，難以忍受的痛苦樣兒。

我叫他脫下褲子蹲下，把屁股抬高，像要「嗯嗯」那樣，我撐開他的屁股眼，他肛門縐摺裡霎時鑽出好幾條，像針尖大小，長一寸的白色蟯蟲（也叫寸白蟲）實在嚇人，這就是他常咬指甲招來的後果。

我一再問忠兒為何要咬指甲？再不說原因，媽媽要處罰。他這才一五一十說出，幼兒園的趙老師討厭他，一直罵他上課愛說話，他一再受到老師的責備，感到很委屈，心理很不安，就開始咬指甲……聽孩子的述說，才真相大白。

之後，我每天傍晚，拿張衛生紙，幫忠兒捉蟯蟲，並囑咐他千萬不可再咬指甲。一週後，他的指甲長出來了，同時他也不再喊「屁股癢癢」啦。

我深感這位趙老師耐心不夠，她似乎不懂兒童心理，孩子愛說話，多半是有意見要表達，老師若對他視若罔聞，置之不理，他就會一直說話，引起老師的注意和關心。我對自己的孩子有信心，他是聰明又好學的孩子。

那時忠孝東路尚未打通，我牽著兩兒順著工農學校圍牆邊的田埂路，右轉一條碎石小路，跨過一條活水小圳溝，即到達救總幼兒園。路旁長滿半人高的野草，有幾隻白色小羊在吃草，兩兒在回家的路上，逗著小羊很快樂。

忠兒上大班下學期，換了兩位年輕老師，一位是林瑪莉，另一位是林素貞，都很和藹親切，我發現忠兒換老師之後，顯得更活潑更快樂。忠兒拼連的竹片帆船作品，因是全班做得最牢固，最完美的作品，得到兩位老師的激賞。展示時，忠兒聽趙老師和兩位老師說：「王克忠很會畫畫！」

民國六十五年四月中旬，我幸運得到工農學校，一個編制內的工友職。兩個孩子都只讀上午半天班，我要上班，下午兩個孩子不知要如何安置？趁中午休息，我和外子到附近找了兩家私立幼兒園，但環境都很侷促狹隘，不甚理想；因此大膽把兩兒留在家中睡午覺，囑咐他倆睡醒，不可開大門出去。我們住家就在學校圍牆外，下班不到幾分鐘就可趕到家。

去接孩子放學時，林素貞老師笑咪咪對我說：「王太太，克忠這孩子很聰明，有繪畫的天份，上課時很專注，我教這麼多年，從未見過一個幼兒園的孩子，畫畫竟能表達立體概念，真是難得，妳要好好栽培他。」

暑假後，忠兒就要去讀國民小學了。為了讓恕兒順利上全天班，我夫妻好安心上班，特別請服務的學校出證明，父母親都在工作。因此先交伍佰元保證金，保障孩子上全天班的正式名額，我們終於如願以償，無後顧之憂，安心上班。

忠兒上永春國小，每天由爸爸騎機車送到校門口，放學就跟著有老師導護的路隊回家。兩個月後，每週二上整天課，這天就要帶飯盒。

孩子回家來會跟爸媽說，在學校與同學之間互動的情形和有趣的事，我們做父母的也了解他在校的學習狀況。每次月考，他的成績總在一、二名之內。某日開母姐會，他的級任老師，不是跟我說忠兒聰明用功，每天幫老師寫黑板字，而是說：「王克忠最愛說話！」我心裡想妳想教領悟強，會講話的孩子，還是要教那悶不吭聲不會表達的孩子？

忠兒上三年級，換林美惠老師教。他被選上參加全台北市國小中年級繪畫比賽，得到「特優獎」（全北市共六名），林老師在畫作展示場，拉忠兒前任老師問：「王克忠的畫，畫得這麼好，以前妳為什麼不讓他出來參加比賽呢？」

那位老師辯說，是因為他的畫太過成熟，不像兒童畫，所以沒讓他去參加比賽。

忠兒四年級，參加第十三屆國民小學勞作比賽「寫生」項目，又獲得「特優獎」。

同年的美術比賽因「寫意畫」和「捏泥工」比賽排在同一天，我叫忠兒放棄寫意畫，去參加捏泥工，我因此花錢買了八磅不同顏色的油泥，讓他先捏著玩。忠兒本來要捏平劇人物，但平劇人物的服飾太複雜，不好捏，我建議他最好捏二、三個人物，穿著簡便的比較好發揮，也節省時間。

在台北「河堤國小」參賽當天，忠兒自己決定要捏兩位老人，在樹蔭下對奕的情境；一位以手托腮在沉思，另位蓄小鬍鬚的老者，面露微笑，狀極輕鬆；棋盤邊擺了一包餅乾，旁邊還有個勾頭觀戰的小朋友。這樣的構圖和佈局，簡潔自然，實在巧妙，忠兒發揮得淋漓盡致。

忠兒說他交作品時，一位監考老師看到，睜大眼睛，說：「喔！這個好！人物真傳神哪！」

結果，忠兒又得到捏泥工「特優獎」，若非林美惠老師慧眼識英才，忠兒怎能展現他的天賦！

林老師可說是忠兒的貴人，更是大恩人，至今四十年，我們和林美惠老師仍有聯絡。（註一）

民國六十八年，忠兒改名瀚賢，國中一年級下學期，參加一九八四年「奧林匹克運動會海報」設計。該比賽不分組亦不分齡，全國共六件特選獎，賢兒是六位獲獎者之一，得獎作品在「國際學舍」（今大安森林公園）展覽兩天。

賢兒於民國七十三年三月，參加「國立台灣科學教育館」，舉辦的「中華民國兒童科學想像畫」，全國第一屆兒童科學想像畫作品比賽，成績列為國中組第三名。當時的館長是陳石見先生。

頒獎當天早上十點，在科學館演講廳的頒獎典禮上，司儀報告說國中組第一、二名從缺。頒獎結束後，國中組和國小組的全體獲獎人，與館長和施金池教育廳長，在科學館前台階，合拍一張團體照留念。

接著全體得獎人及家長們，由陳館長帶領到地下室的作品展覽會場參觀。我們進入地下室，迎面第一幅作品下方，貼的是張醒目的紅紙，上面寫著「第一名」三個字。

我走近前細看，這幅作品正是我兒瀚賢的傑作，圖畫的內容是想像未來運輸工具的設計圖；圖畫中列有分解、剖面、透視、俯視等詳細解說，圖畫的左下方是評審委員，約三百多字的評語。

我和外子，以及瀚賢的美術指導洪雲龍老師，當下很錯愕，四人面面相覷。洪老師一臉疑惑，不解說：「明明是第一名，為何頒的是第三名獎狀？怎麼會是這樣？」

外子擺擺手，說道：「算了，就這樣吧！」，我很為賢兒抱不平，但也無可奈何，賢兒雖默不作聲，但看得出他一臉委屈。

恕兒讀幼兒園中班時，學校要家長為孩子買一件「工夫裝」穿上台表演響板說書，那時正是李小龍工夫影片風靡全國。我在市場問價，一件要八十元，好貴喲！小孩穿它表演完，不一定會再穿。我就以王桂榮老師送的白麻紗，自裁一件連袖開襟，旗袍領的唐裝，讓恕兒穿去學校，因為與其他同學買現成的不一樣，他心裡有些不高興，嘟著小嘴穿上。待他爸爸接他回家來，他迫不及待，喜滋滋地告訴我說：「媽媽，老師說我穿的這件，才是真正的工夫裝，問多少錢買的？」恕兒回老師說，是媽媽親手縫的。因恕兒的工夫裝簡單清爽，與同學繡花邊的不同款，而爭相要與恕兒合照呢。

一天中午十二點，我下班沿著學校圍牆邊走，正要右轉，猛然發現忠孝東路（此路已打通，為四線道馬路）那頭，一個身穿橘黃色長袖長褲運動裝，頭戴白色寬沿帽的小朋友，往我這邊跑，心想這個小朋友這麼小，家長怎麼放心讓他自己過馬路回家，而不去接他呢？再仔細看，哎呀！這個可愛的小男孩不是別家孩子，是我兒啊！我朝他大喊：「克恕！」即刻飛奔過去。恕兒看到媽媽，快步往前奔，嘴巴一扁，兩手一伸，哭喊：「媽媽，媽媽……」我蹲下一把抱住他，心疼問：「你怎麼一個人跑回來呀？這太危險了，到底是怎麼回事啊？」

孩子顯然受了極大的委屈，滿眶淚水，抽噎著，斷斷續續說：「夏老師說我愛講話，不乖，就把我關到黑屋子裡罰站，她說會陪我，後來她開門出去，留下我一個人……我好害怕……夏老師出去後，很久很久沒回來，我想上廁所，但是夏老師沒回來，我不敢出去。後來，我偷偷開門縫，看到同學都在吃飯，我肚子好餓，我就開門，悄悄地跑回家找媽媽……」。

聽了恕兒的哭訴，我心疼得無以言說，我花錢把孩子託付給幼兒園，老師竟有負所託，不顧孩子的安危，竟關進黑屋裡懲罰，真叫我氣憤填膺。

我好言安撫孩子，說你不要害怕，走，跟媽回家吃飯去。在路上他的小手，把我的手緊緊握住，唯恐我鬆開手，他失去安全依靠。瞧，這孩子內心受到多大的創傷。

到家開大門時，他爸爸下課也同時抵達，看到恕兒，他驚問中午為何把孩子接回家？到家我向外子述說一遍，孩子小心靈受到老師恐嚇的經過。外子聽了很生氣，抓起話筒撥電話，要問老師是怎麼一回事，我阻止他別打了，我們的孩子明天仍要去上學，若把老師得罪了，以後孩子在學校的日子，會更難過。

吃過午飯，我請外子幫我請半天假，我留在家陪孩子，安撫他那顆受創的小心靈。被關到黑屋子裡的孩子，沒飯吃，夏老師不理會，關在黑屋子裡的孩子，不見了，夏老師竟沒察覺，直到外子一點多上班，學校仍無電話來詢問，實在太不負責任了。我不像忠兒同學的媽媽，孩子在校受了委屈，她衝到學校與老師理論，對老師大罵一頓，出出怨氣，她們全家不久就要移民美國，她可以這麼憤怒報復；但我們不能，因為孩子還要在那兒繼續上學，為了孩子我們得忍下這口怨氣。

當我撥電話找夏老師，告知恕兒回家的事，她竟渾然不知，還吃驚地：「啊！啊，是嗎？」妳瞧這樣沒有愛心，沒有同理心，不負責任的人，根本不夠資格當老師！

下午我摟著恕兒睡午覺，我告訴他，以後在學校要聽老師的話，要乖乖知道嗎？絕對不可自己跑回家，過大馬路太危險了。夏老師她太忙了，所以忘記叫你出來吃午飯，她不是故意的喔！

其實我很擔心孩子無端受到恐嚇的創傷，一時難以撫平，可能會在內心深處，留下不能抹滅的陰影，進而影響他人格行為的偏差，或日後心智的發展。

恕兒上小學後，很幸運遇到有愛心，且懂得兒童心理的老師。一年級的馬小琴老師，一天她向我建議，可每週給孩子一些零用金，滿足孩子的需求，我想一定是細心的馬老師發現了什麼，給我正確的建言。

我立即在學校為兩兒開立郵政儲金帳戶，每週各給三十元零用金，他們可存入帳簿，或買自己喜歡的文具；但他兄弟倆從不亂花錢，因存簿每週有進帳，快樂又滿足。

二年級的李彩玉老師，是位媽媽型女性，她對班上的小朋友，不管成績優劣，一視同仁，細心耐心教導，關懷呵護，讓孩子感覺像多了一位母親。她最誇獎恕兒愛整潔乾淨的好習慣，以及熱誠幫助弱小同學的品德。

恕兒上二年級後，喜歡閱讀，他下午沒有課，午睡醒來即到書房找書看，我特別提醒他，看書一定要開檯燈，才不會傷害眼睛。一天傍晚我在廚房做菜，他捧著一本精裝的《基度山恩仇記》到廚房跟我說：「媽媽，原來『基度山伯爵』就是那位被人陷害的『愛德蒙甘蒂斯』耶！」我驚喜說：「恕兒，你看懂了，好棒！好聰明！」

恕兒（改名瀚德）三年級換了一位樸實的廖月娥老師。她馬上發現德兒不但功課成績好，以及友愛同學的美德，更發現德兒寫的日記圖，文圖並茂，語詞簡明，文筆流暢，廖老師鼓勵德兒勤寫日記，以抒發內心世界。說來德兒比哥哥幸運，小學遇到的都是好老師。

德兒有表演天份，唸世新五專部時在校內得過兩屆最佳男演員獎，民國七十九年夏，因主演王爾德的《不可兒戲》話劇中亞吉能一角，獲得全國大專院校話劇比賽北區最佳男演員獎。（註二）

註一　賢兒國立台灣師範大學美研所碩士，現任高中美術老師。

註二　德兒現任公共電視台編導。

心坎上的珍寶

讀小學剛上四年級那年，農曆九月初十夜裡，我兩個月大的邦能弟，因先天心臟機能不佳，在醫生出診打了兩針藥劑離去不久之後，便斷了氣。媽媽抱著他柔軟的小身體，痛哭失聲，悲愴難抑；家人因為失去這個可愛的弟弟，哭作一團。

這個沒有緣的弟弟，是我幫忙到鄉公所戶政課報的戶口，我每天放學後，回到家就背著他，全家上下對他的疼愛自不必說。他不幸夭逝，只能說我們家無緣擁有他。父親看我痛哭流涕，天亮後叫我勿去上學了。

翌日到學校，上算術課，發現不是我拿手的「加減乘除」，全是陌生的「大括弧小括弧」，我根本不會演算，當時沒敢請老師給我講解，老師也疏忽沒個別跟我解說。因為錯過了一堂課，從此對算術課，視為畏途，最後等於放棄了。直到小學畢業，我的算術考試，從未達到八十分，實在可惜。

六年級上學期第一次月考，我的歷史科意外得到九十九分，是全班最高分，因此獲得一張獎狀。我的國語、音樂、美術、體育課，雖然很優秀，終究被算術一科拖垮了。在班上的成績也只能算是中上上而已，直到畢業從未躍進十名之內，真是慚愧。

因家庭貧困，國小畢業後無緣讀初中。婚後我在兩個小孩學齡前，經維經鼓勵，到南港國中夜補校讀國中（一年後休學，直至四十六歲復學讀完畢業），被推選當班長，服務同學。學期末，四班學生共八位，參加校內演講比賽，我僥倖得到第二名，獲得校長李咸林親筆簽名的獎品——《寧靜致遠》這本勵志的好書，及獎狀一張。

待二個孩子上學後，一個難得的機緣下，我到維經服務的高職學校當工友。維經曾任學校的教務主任，當時我以國小畢業的學歷報到，深感給他失面子，但因他的年紀比我大很多，即將退休，為了日後的生活，我非常需要這個工作。

在學校服務時，我從不遲到早退，認真工作，盡職負責的服務態度，獲得科主任和校長的肯定，六年後因故離校兩年。之後當我向吳校長表示欲返校復職時，吳校長欣然接納了我，令我感激又感動。

直到我屆齡退休，已然換了四位校長。退休前兩年，在全校二十多個工友當中，我被人事主任推荐為「優良工友」（創校五十多年從未有過），獲得台北市政府頒發獎狀及獎品。以上這三張獎狀，對旁人來說不算什麼，但我卻把它視為一生的榮耀，當做珍寶，小心放在資料夾內，永久保存，甚至可說放在心坎上珍藏著。

我退休後，一位教音樂的林秀惠老師，和一位教護理的丁筱芳老師，偶然遇到我，高興地說，許振輝校長連三年，在開學的校務會議上，都提到妳，說劉大姐工作認真，負責盡職，是一位難得的好同仁，叫人懷念。

我聽了慚愧說，自己沒有校長說的那麼好，是許校長過獎了，很感謝。

民國九十八年五月三日，是「工農職校」創校六十週年的甲子之慶，這時我已退休七年啦！一位不甚熟稔的國文老師，主編校慶特刊，她撥電話邀我為校慶寫一篇關於「校史沿革」的文章共襄盛舉，令我頗為驚訝！

我對學校有一份深摯的情感。維經擔任教務主任時與吳校長勘查此校址，台北市升格直轄市時，把學校從臥龍街舊址遷移過來，並且在此退休；而我也在工農職校服務，屆齡退休。更難得的是兒子——王瀚賢，在我退休前一年考取了學校的美術老師。

為了表達對學校濃厚的感情和感恩的心意，我誠惶誠恐，絞盡腦斗，誠摯寫一篇「小人物話工農」做為對學校慶典的獻禮。

民國一〇六年

觀世音菩薩救了我

十月三十一日上午十一時，我從信義區運動中心游泳返家，經過工農職校，繞進去找賢兒，那時他已上完課，我要搭他的車出去辦事，我倆即到地下二樓停車場取車。

賢兒從車後的左邊往前走，要去開車門，我從車後繞到右車門上車，不察地上有一長型塑膠擋車板，我一個踉蹌，本來應是往前撲下的，若是這樣撲下，我的口鼻必受傷無疑，嚴重的話額頭必著地重創；就在這恍忽一瞬間，我的身體卻整個翻轉過來，反而是身體後仰著地。我因背著背袋，裡面有濕的泳衣、泳帽、蛙鏡以及一個水瓶，有如一個厚墊；當我後仰倒下時，有了緩衝保護，因此，我的後腦杓沒有著地。

對這突如其來的意外，我當下驚愕住，我搞不清楚，身體本來應是往前撲下的，怎麼會是變成後仰倒下呢？我馬上感應到，是祂——大慈大悲，救苦救難的觀世音菩薩，及時救了我⋯⋯。

賢兒到前頭開了車門，轉頭看，媽媽怎麼不見啦？立刻從車頭繞過來，卻發現媽媽平躺在地上，嚇得他嘶聲大喊：「媽媽，妳跌得怎麼樣？」他蹲下伸手托我的頭和肩，要扶我起來。

但我仍躺著，我說：「兒啊！媽媽感應到觀世音菩薩救了我了，多感恩啊！」我這重逾六十一公斤的身軀，後仰倒地，頭沒撞到，毫髮無傷，真是奇蹟！為了感謝菩薩救命之恩典，兩週後專程到新竹市「竹蓮寺」虔誠向慈悲的觀世音菩薩，三叩九拜謝恩。

至今我仍不清楚，當時自己是怎樣轉身仰倒的，我這一生多蒙觀世音菩薩疼惜。不忘民國八十年，我在中壢，以三百六十萬元買的預售屋，因家庭經濟拮据，負擔不起銀行貸款兩百四十萬元，那將近百分之十二的高額利息；當時痛苦不堪，不知要如何解脫⋯⋯五月一日勞動節放假，當天我專程到竹蓮寺觀世音菩薩尊前，祈求菩薩給我指點迷津，保佑我房子順利脫手。當我看到抽的詩籤最後一句「蘭桂漸漸發」馬上領悟到，這是慈悲的祂給我的訊息。

五月三日，果然有買家來看房，而且非常鍾意，隔天她再帶父母來看，並出價三百九十萬要買。議價時，她為討個吉利，請我讓她兩萬元，也就是三百八十八萬元，有連發的諧音，我二話不說，立刻應允。

五月五日上午，買賣雙方就簽約成交。

這就是慈悲的觀世音菩薩幫的大忙，讓這困擾我半年多的「燙手山芋」終於甩掉。

當時學校一位女同事也在此買下一戶，她是花三百七十萬買的，但在三月時以三百六十萬賣掉，認賠十萬元；加上七個月的利息和十四萬元仲介費，以及管理費和稅金等，慘賠五十幾萬。

我因生平第一次買房，貸款晚了她兩個月才過戶，而且幸運地在過戶交屋後十天就把房子租出去，每個月房租收入得以貼補貸款。因此，我們除了利息和稅金及雜項支出，算一算不但沒賠，倒淨賺二十五萬元，我認為這都是菩薩巧妙的安排和指點，多感恩啊！

當那位同事知道我也賣掉房子，她關心來問我，一共賠掉多少？我沒告訴她不但沒賠半毛錢，倒賺了一些些。為免得她心裡難過，我淡淡地說，別提了，那是傷心事。

為了感謝觀世音菩薩的大恩，我夫妻倆專程到竹蓮寺謝恩，並添伍仟元香油錢表寸心。

民國一〇六年十一月

榮耀慰雙親

今春三月，我返家鄉芎林，經過芎林國小時，看到校門邊上有個看板，上書「芎林國小創校一百二十週年——雙甲子之慶，歡迎校友回娘家同慶。民國一百〇七年十月二十日」。

當時心裡很納悶，我清楚記得七十八年是母校九十週年校慶，那是我國小畢業後三十五年，當年承蒙當老師的楊惠美同學熱心發起，多方聯繫辦了同學會。那年正月初七，我們幾十位同學和老師齊聚一堂，為母校慶賀，當時的校長是古慶瑞先生，我還花三百元買下一本精裝的校慶紀念專刊留念。

民國八十八年三月，芎林國小一百週年校慶時，我沾母校校慶之光，在學校教室展示我的處女作《白雲悠悠思父親》一書。

當年校慶，校友們共襄盛舉，有成就的踴躍捐獻獎助學金，捐三仟元以上者，可留芳名鐫刻於紀念碑上。我不想留名，僅捐兩仟元，獲贈一本精裝的彩色校慶專刊，我把它當珍寶收藏在書櫥裡。

以我的認知，母校一百二十週年慶，應該是民國一〇八年才對，心裡雖這麼認為，但過後也就忘了。

七月中再度經過母校門口，又看到那面看板，我對它佇立良久，心想一定要弄清楚，一百二十週年，到底是今年還是明年？起而行，翌日我即到母校拜訪校長求證，問個明白。

走上二樓校長室，輕敲門扉後，出現一位長相端正，膚色白皙，和藹可親的年輕人，我表明來意，他親切說他就是校長，叫孟繁明。

我出示健保卡給他看，表明身份，說：「校長，我是第九屆的校友，國小畢業後沒讀初中，今天冒昧拜訪您，是想求證一件事。」

校長非常隨和，立刻倒一杯茶給我，我坐下後開門見山，說母校一百週年校慶是民國八十八年三月，當時我的第一本書，還在學校教室展示，二十年後的一百二十週年校慶應該是明年才對，怎麼校門口的看板寫的是今年呢？

校長聽了，立即說明正確的年份和日期，就是一〇七年十月沒錯，是之前有兩次校慶因特殊原因改了日期。當我坐在沙發上品茗時，校長走到一邊滑手機，然後滿面笑容，把手機畫面給我看，說：「原來阿姨是位作家！」

我看了手機畫面，正是我第四本拙作《堅忍修得一世緣》的封面，心想這位校長實在聰明，反應這麼快。我「啊」了一聲，說：「校長，好巧喔，我這本書是以本名出版的，被您查到了，前三本是用筆名，您就無從查起啦！」

校長一聽，驚訝說：「阿姨妳還有三本書啊？這麼說來妳是一位大作家啦！」

我慚愧地說：「說作家不敢當，只能算是作者吧！」

校長轉身到電腦桌前，取了一張表格給我，說：「阿姨是作家，那就是我們傑出的校友，這張表格請阿姨填上，校慶時學校要表揚妳。」

我猶豫了一下，笑說來拜訪校長，還有任務啊！可是這表格上的學歷一欄乏善可陳，若據實填上，並不好看唷。校長說這更顯出阿姨自強不息，自學有成，與眾不同的可貴經歷呢！

我表示每一本拙作都有贈送給學校圖書館，以及鄉立圖書館，校長可能沒看到，過兩天我再把書送給校長，校長高興說他一定拜讀。

當我告辭時，校長和教務主任陪我參觀「校史室」，校長一一為我介紹，芎林國小創校於民前十三年；校史室裡資料齊全完整，每一任校長都有肖像和任期。

走到一台風琴前，校長撫琴說，這台風琴是名作曲家——鄧雨賢老師用過的，他的作品「四月望雨」，即〈四季紅〉、〈月夜愁〉、〈望春風〉、〈雨夜花〉，膾炙人口，風靡海內外，至今歷久不墜。他是芎林人的榮耀，芎林人以他為傲。

從校史室出來，校長陪我繞繞校園，介紹校內各種硬體設施，以及學生午餐的中央廚房。他並詳述一棵老樟樹長病後，請樹醫師治療的經過，如今這棵校樹又生意盎然。記得學生們拍生活照，都選在大樟樹前的台階取景，印象深刻。

經過PU操場跑道旁的三層樓，是寬敞的學生活動中心，文昌廟（也稱文林閣）即在操場前方。走過蒼勁老邁的鳳凰樹群後，校長直送我至校門口才依依握別。

一週後，我帶著四本簽名拙作致送校長，他接過書後面露喜色，逐一翻閱。當他看到文昌廟前那張照片時，驚訝說：「原來文林閣前橫額的詞，是阿姨撰的啊！我以為是哪位德高望重的老先生撰的呢！」他沉思了一會兒，好奇問我是在什麼因緣之下，撰此貼切佳句的？

我回憶說：——

民國九十年正月初二下午，小兒載父母回苳林，經過文昌廟，即停車去拜文昌爺。舊文昌廟已有一百四十多年歷史，是一座莊嚴古樸的廟宇，原本算是古蹟，不知為何被拆掉重建。

當我踏入廟院，看到白玉九龍壁下方，貼了張醒目的紅色橫紙條，上書「世紀重新翰墨香」時，心忖：「這千禧年和文昌爺何干哪？倘若這幾個字刻上去，豈不把苳林人的顏面丟盡了嗎？」想當年苳林鄉可說人文薈萃，遠近許多詩人雅士常聚會文林閣，吟詩作賦。

文林閣供奉梓橦文昌帝君，每年有多少莘莘學子，考試前專程前來禮拜文昌爺，祈求護佑應試順利，金榜題名。到如今，苳林出了二十多位學有專精的博士，也有很多校長和醫師，從事教育工作為人師表的老師，更多得數不盡……我不禁感嘆，難道說，苳林故鄉真的沒有人才了嗎？

為了這個緣故，當晚我躺在床上，輾轉反側，無法入眠。子夜時分，我突然想到，供奉文昌爺的廟宇，不是也稱作「文祠」嗎？靈光閃過腦海，我隨口誦出「文祠翰墨傳香遠」，覺得很順口，又好聽，我驚喜得一躍而起，推醒在旁熟睡的外子，說：「維經維經，我尋得一句好詞，你聽聽看如何？」，他聽了直說：「好！好！

太好啦！」

我開心極了，遂安心躺下，可是我又擔心明朝一覺醒來，把它忘了怎麼辦？於是起身到客廳，把這七個字寫到紙上，就萬無一失啦！

翌日八點，我打電話給文昌廟重建主委劉阿錸先生，當他聽我唸出句子，興奮地說：「好詞好詞！」，立刻派人到舍下來取。

文昌廟沿革，主委曾請外子的同事，黃士馨老師修正潤飾，此橫額就請黃老書寫，這也是九秩晉一的黃老，最後的「墨蹟」。

校長聽了我的敘述後，有些疑惑問說，一般來講，應該會在上面刻某某人撰，某某人書才對呀！但這橫額上面怎麼都沒有刻？我說我不想留名，校長微笑道：「阿姨不願留名，可是這句子上面……」我打趣地說：「這是文昌爺的特許，不可說。」

校長說，原來阿姨這麼有成就，那請阿姨為母校寫一篇回憶的文章，共襄盛舉吧！我說既然是寫回憶的，那我試試看，能不能完成使命！

回家後，我努力回想六年小學的學習過往，搜索枯腸，絞盡腦汁，終於寫成一篇〈回憶點滴在心頭〉。同時附上簡歷送到校長室，孟校長看了我的文稿，直說太好了。

我忽有感而發，說校長您的福報很大，這雙甲子之慶，您有幸躬逢其盛，這是多麼難得的機緣啊！而我這個年將八旬的老太太，託您的福，連帶沾上您的福報，真是感激不盡……告辭時，孟校長又送我到校門口，非常感動。

十月十八日上午十點，我參加三弟主辦的公教退休人員赴宜蘭一日遊，在車上接到孟校長來電話提醒，他說：「劉阿姨，後天校慶，妳一定要光臨唷！」

校慶當天九點多，校友們和來賓齊聚老樟樹下的「勤學園」，觀賞學弟妹們精彩的歌舞表演。十點，校長偕兩位老校友——古慶瑞和魏坤松，共同揭開「勤學銅像」，但見一個八、九歲的男童，身負柴薪，手捧書卷，低頭勤讀的塑像，那純真專注的神情，栩栩如生，既可愛又令人心疼，感動。

十點半，來賓和校友們往活動中心移動，到三樓的慶典會場。我在一樓入口處簽到，領取一枚有座號的名牌，順便捐兩仟元教育基金，獲贈一本校慶特刊，和一頂有一百二十週年校慶文字的紅藍白三色運動帽。

校慶典禮簡單隆重，唱完國歌後，接著是新竹縣長邱鏡淳和縣議會議長致賀詞；然後是主辦單位主人，芎林鄉長和校長上台致謝詞。

接著長官頒發資深教師獎，及各類對教育有功的貢獻獎……最後頒發傑出校友獎，我上台從嵩壽九十四高齡的老校長古慶瑞手中，接下我此生最高榮耀的「傑出校友」獎牌，以平常心看待，內心十分平靜恬然。

這個獎牌非常有質感，圖案外圈是個圓形金色光環，既象徵圓滿又有榮耀的意義，裡圈是七彩的立體環狀，似喻意多元教學吧！圈裡「一百二十週年校慶」字樣，下面是「賀劉玖香女士當選本校傑出校友誌慶」，中間是「芎林之光」四個字，再下面是「主任委員莊雲嬌、校長孟繁明敬贈」。

當大家一起切下九層生日蛋糕後，慶典已接近尾聲，我兩手各提著很有份量的獎牌，和兩本特刊步出校門。在校門口我停下腳步，抬首望向湛藍的晴空，看到一片悠悠白雲，心中有所思，內心不禁對空吶喊：「父母親大人，女兒得獎啦！二老一定很歡喜吧！」這才感到淚水已悄悄流下。

民國一〇七年十一月於芎林觀雲望月樓

有緣千里喜相逢

維經自二〇一一年往生後，克梓兒來信總盼我春節能回老家，與家人團聚，說可體驗與台灣不一樣的春節。前幾年因身體欠佳，心雖嚮往，但我一向畏寒，擔心不能適應山東酷寒的氣候，因此不敢奢想。可喜這兩年感覺體力尚佳，便興起回山東淄川過春節的願望。

當賢兒幫我重新申請的台胞證核可下來，旅行社開了機票，他即傳微信給哥哥，告知媽媽決定於二〇一九年元月六日（農曆臘月初一）搭機返鄉，克梓全家聞訊非常興奮。

梓兒傳微信來，請媽媽回鄉時，帶兩套書過來，他說世壯孫的義父——盧俊德先生，之前曾把媽媽寫的書，拿給淄川區退休人員詩詞書畫學會兩位作家分享，他們看了非常喜歡，說我若回鄉，他們期待與我見面聊聊。

但是我的書除了第三、四本在台北尚有剩餘，前兩本餘書無多，而且存放於苕林家中。我即撥電話請住隔壁的三弟邦相，到家裡書櫥找出四本書用掛號寄到台北。我因年老兩耳聽力退化，郵差按門鈴聽不見，特別囑咐三弟把書寄到賢兒服務的學校，較為妥當，希望在元月四日之前寄到。

我於元月六日搭機，下午兩點多抵達山東濟南機場，克梓兒攜子媳和孫女來接機。我自二〇一七年六月返台後，至今已過一年多，家人再次見面，份外親切歡喜。未滿六歲的曾孫女蘊如，長得像個大姑娘，美麗大方，超可人哪！

元月九日，孫女莉莉即從青州趕來看奶奶，並帶來新鮮羊肉，非常欣慰全家大小平安。在淄川區退休人員詩詞書畫學會，擔任秘書的盧先生，於元月十三日上午九時，陪同學會兩位作家，蒲先和老師和趙玉霞老師光臨舍下相見，真是一見如故，相談甚歡。

蒲老師年輕我一歲，他是位誠懇樸實，溫和的學者，趙老師比我年輕六歲，是位溫柔婉約的傳統女性，看得出她蘊藏堅韌強烈的意志和特質。我們都是熱愛中華文化的愛好者，相談很自在愉悅。

我學識淺薄，雖然喜歡閱讀與寫作，但只是隨興偶爾為之，所作只是「雕蟲小技」而已，不能登大雅之堂，不像兩位學者，從教育界退休後，仍致力深入鑽研辯證義理，令人敬佩。

蒲老師熱愛寫作，退休後為中華詩詞學會會員，也是「蒲學」研究會會員，目前擔任淄川詩詞學會副會長，兼任秘書長。他給我帶來三部著作《般陽俚曲》、《鄉俗瑣憶》、《聊齋瑣議》，其中後一本是屬學術辯證的研究書籍，比較艱深難懂，非一般讀者能窺其堂奧。

趙老師也送我三本著作《般陽詩詞集》、《聊齋故事》、《聊齋女兒譜》，非常感謝。趙老師她也是中華詩詞學會會員，淄博市蒲松齡研究理事。

兩位學者都表示喜歡我誠實、樸實、寫實、翔實自然的敘述。我奉上四本拙作，感謝兩位對我的錯愛，在這千里之外的中國，我是遇到知音了，怎不令我感動，感謝呢！

告辭時，兩位老師說要為我寫詩相贈，請擅長書法的盧先生書寫，實在不敢當。

正月初二下午，孫女莉莉姊弟帶孩子去向義父母拜年。返家來，世壯孫說義父已把兩位詩人寫的詩作帶回來。世壯展開趙老師作的「浣溪沙，王維經先生身世感懷」——「一去悠悠五十秋」，想到維經讀初中二年級時，為求學，別母離鄉遠行的情境，令人疼惜，不禁眼眶濡濕；下句是「隔空遙望淚雙流」我已淚流滿腮；往下看「歸來慈母入荒丘」時，我激動得掩面而泣，久久不能自已。

兩孫見奶奶如此悲傷，撫慰我，說奶奶不哭了，奶奶不哭了。讀完兩位充滿懷念感性的詩句，回憶起與維經攜手共度的過往生活，甜蜜溫馨的畫面一一湧上心頭，是晚我失眠了。

兩位詩人因感懷維經身世，不但為素昧平生的他作詩，同時也為我填詩，著實不敢當。細心的兩位也對克梓夫妻孝敬長輩的行誼，寫了貼切的讚頌，對善良孝順的梓兒夫妻而言，可謂實至名歸。

梓兒為感謝兩位老師寫詩的誠摯之情，以及盧先生為詩句揮毫之誠意，特於正月十二日中午，在淄川「又一村」餐館備簡約餐席答謝，我們有緣再度相聚。在座的有蒲老師、趙老師伉儷、盧先生伉儷以及我和梓兒倆，相談氣氛非常融和。

蒲老師又送了三本書，趙老師亦多禮，不但帶來茶葉，並且送一條山東「大染坊」精緻圍巾，真是受之有愧。趙老師夫婿送我，印廣法師主講的《阿彌陀佛真實義》CD，我很感謝。

席間趙老師以女性細膩的思維，和同理心觀想，推崇姐姐（維經髮妻）獨力奉養婆婆終老，是位孝媳。為等待離鄉求學的丈夫歸來，堅貞不移，苦守五十年，是位賢妻，對入嗣子視如己出，教導成器是位慈母，不僅令人敬佩疼惜，更是令人震撼！同時對克梓夫妻盡心盡力服侍慈母的孝行，稱讚嘉勉，在在流露惻隱慈悲的襟懷。

蒲老師說，看了我的書，讓他更了解台灣光復前後，國人生活艱困的處境，與大陸一樣艱難。

我說當年蔣委員長，領導全國軍民堅忍抗日八年，日本投降後，國土是一片廢虛，山窮水盡，民生凋蔽；而台灣被日本統治五十年，光復之前，日本早把台灣民生物資搜刮怠盡，所以國家雖然統一光復了，國民卻生活艱困，一切得從頭起。

所幸兩岸在睿智的蔣經國和鄧小平兩位先生的改革之下，和億萬同胞自強不息，合和努力而壯大崛起，讓中華民族生活在富庶安定的藍天之下，當可告慰為國犧牲的偉大國軍。

二〇一九年元宵節寫於**山東淄川**

親情融融續記

中元節夜裡，忽夢見維經回家說要拿件夾克。我從夢中醒來後，下床打開衣櫥，那件淺灰帶墨綠的厚夾克直挺挺地掛在裡面。當年維經往生時，法師建議我們把他平日穿的衣服火化給他，那時從抽屜裡把幾件厚薄夾克、棉襖、毛褲以及我給他織的毛衣、毛背心全拿去火化，可怎麼就忘了這件夾克呢？

維經往生已經六年半了，他在中元節之夜來要這件夾克，可見他對這件常穿著返鄉的夾克，有著深厚的感情而不能忘懷吧！

我當下即決定隔年清明節返鄉掃墓給他帶上，但繼而想厚夾克是冬天穿的，何不在他忌日時到他墳上火化給他呢？我和兩兒表示，媽媽決定在臘月初七，爸爸忌日把他要的夾克帶回火化給他；同時再帶上一套鐵灰色西裝、白襯衫、五條領帶和一條厚圍巾。

我於農曆十二月初一（二〇一九年元月六日）上午搭十一點多的「山東航空」班機前往山東，下午兩點多抵達濟南機場。克梓兒和世壯孫夫妻、曾孫女蘊如來接機。我自二〇一七年六月返台後，距今也有一年半了，家人再見面，內心有說不出的歡喜。蘊如快滿六歲啦！長相端正清麗，有大家閨秀的模樣了。

到家後我和梓兒說明，今次返鄉主要目的，是要完成一樁心願。我說這些爸爸生前穿的衣服，要拿到他墳上火化，未知他能收到否？香浦媳婦很有信心，說在爸爸墳上祭拜，向他說明，他肯定能收到享用。

在台北的兩個弟弟，擔憂媽媽身體不能適應北方零下的氣候，梓兒在簡訊上表示，嫂嫂已為媽媽準備棉衣棉褲，叫弟弟放心。在這兒天寒地凍不出門，室內有暖氣設備，常溫在二十至二十五度，很暖和，一點也不覺得冷。

我原本想說山東天冷不大會常出門，因此只穿了一雙半統皮鞋來。到家翌日晚，全家陪我到百貨公司，買了一雙運動鞋，有了運動鞋，隔日早上我即下樓到廣場散步，梓兒不放心，頭幾天他都跟在我後面陪我。我每天繞廣場走十六至二十圈（一圈二百五十步），在台北我幾乎每天去游泳，在這零下七、八度的氣候，也要動一動，才合乎健康之道。

我散步回家約九點左右，梓兒就燒水沏茶。孫兒夫妻上班去，蘊如上幼兒園，家裡就我們仨人，一邊喝茶一邊話家常，其樂融融；下午兩點多，午休後，我們邊喝茶邊看電視連續劇，電視台連播四集，劇情引人入勝。

元月九日，孫女莉莉即從青州趕來看奶奶。香浦兒媳二位兄長和嫂嫂，以及一姪，也特別趕來看我，她娘家兄長很有情義，我每次回來，他們都結伴來看我，令我非常感動。梓兒的親哥哥——克和姪夫妻和克一夫妻也來看我，實在有心。

臘月初七（元月十二日），梓兒夫妻備妥祭拜供品，金香、元寶、紙錢；帶上維經的衣物，我們回窩橋祖墳，把祭品和衣物在墳前擺妥，兒媳倆焚香跪拜，禀告父親，說媽媽從台北把您要的夾克、西裝、襯衫、領帶、圍巾等衣物帶來火化給您，請爸爸收妥使用。我站在墳前雙手合十，衷心禱告，盼維經收取穿上，望著那冉冉而昇的縷縷白煙，思念之情湧上心頭，激動得不能自持，只能含悲忍淚。

燒紙錢元寶時，維經堂弟王驥，散步到墓地來。我們收拾好直接回鴬橋老家，但沒進屋去；而到後巷剛修繕好的「王氏莊園」看看，看省政府把咱祖父王懷琪的故居，整修完竣了沒。莊園目前暫由王家族親孫輩王淼負責管理。

這時世壯孫帶著蘊如趕來，我們一行由王淼擔任解說員導覽，進入內院參觀，莊園內有些展室已高掛歷代王家傑出先輩的彩色畫像，玻璃櫥內則陳列其生前重要事蹟和經歷等解說文字。

在另一展室，我看到梓兒捐出的兩把古董木椅，放置在祖父懷琪公畫像前的「半月形」木雕漆桌，也是咱家捐出的。梓兒的決定，非常正確有意義，值得稱讚，他把家藏古物捐出，陳列在莊園裡可永遠受到妥善的保存，給予後代追思。

祖父懷琪公畫像面孔瘦削，頭戴花翎，全副清朝官服。根據記載，他曾向妹夫楊復基（清朝武進士）習武強身，又出身農家，應是身高體壯的山東漢子，似乎非畫像中之文弱書生，我覺得畫像因為美化而略顯失真。

夫君維經自幼失怙，幼年又逢祖父往生，因此對兩位至親全無印象。及長聽長輩提到祖父懷琪公開煤礦公司，不但是位很有成就的實業家，而他老人家被傳頌和懷念的事蹟，更是遠近馳名的慈善家。

剛開放探親的年代，因有所顧慮，家人族親見面都避談先祖的往事，因此維經十次返鄉，都未曾到祖父故居探訪緬懷。直到二〇〇二年春，我和維經返鄉，談聊中聽三姪孫意味深長告訴我，說：「大奶奶，咱家老老爺（高祖父）的事蹟，在山東省志，以及淄川縣志，都有詳實記載云云。」

原來祖父懷琪公，是清末民初淄川煤礦三大業主之一，聲名顯赫。

王懷琪字竹亭，號筱岩。邑武生，援例入監考通判加四級賞戴花翎，誥授奉政大夫晉階中選大夫，配高氏生五子。（原小傳）

祖父生於一八六七年，淄川縣羅村鎮大窩橋村人，少年時唸過三年私塾，因家貧而輟學，青壯年在其叔父開的煤井工作。他雖然是個農民，卻以驚人的膽識，高瞻遠矚，把握形勢奮發在煤炭事業上。

很快他在淄川東北地區開鑿煤井六十餘眼，生意越做越大，還把煤井開鑿到章邱，成為地方煤炭業中顯赫一時的人物。

值得稱讚的是，他淘汰舊時煤炭用的木牛車，引進西方先進機械來提高生產，是一大創舉。他由農民而成了一個富翁，但他走的不是平坦大道，一路崎嶇坎坷，他和縣長交涉，取得開礦權後，又同德國人打官司，爭取開礦權，他都取得了勝利。

他的成功：

一、為農民辦企業闖出一條路。

二、促進地方煤炭事業發展。

三、引進西方機械提高產量。

四、安置農村閑散勞力。

五、發展和壯大了中國的民族資產階段。

只可惜，民國十年（一九二一）軍閥馬良，要求獨霸章邱煤井，懷琪公不允，而被羅織罪名吃了官司，受盡皮肉之苦。直到民國十一年（一九二二）在濰縣王壽鵬等人聲援幫助下，才解脫出來。雖然洗清了罪名，懷琪公已心灰意冷，無心料理產業，於民國十三年（一九二四）農曆六月初二，以五十七歲之年，抑鬱而終。（註：以上資料摘自王氏世譜故名人篇）

梓兒行事周到，我回鄉每次上墳後，他即在老家附近餐館，請他的三位叔叔，維倉、維潼、王驥，來相聚敘敘。

臘月初八，是世壯孫與娜娜結婚八週年紀念，是晚我們全家到「又一村」吃飯慶祝。幾天後，外甥耜慶夫妻連袂來看我，端琴甥媳為我買了件合身的外套，讓她又破費了，感謝她對妗子（舅媽）的孝心。

初七上墳後，維經曾兩次入夢來，夢境也就是過往一塊生活片段場景。直到臘月二十七日晚，我忽見維經身著深色筆挺西裝，雪白襯衫，沒打領帶；他站在不遠高處朝我笑，哇！好帥喲！那笑容是那樣地溫和親切，又熟悉……我看了很歡喜，不禁朝他大聲喊道：「老兄，你真帥！」我這大聲一喊，卻從夢中醒來，我好懊惱，好後悔！心想，我若不大聲喊他，或許可多看一會兒……。

翌日我和香浦說昨夜的夢境，她聽了開心說爸爸肯定收到，媽媽可以放心啦。香浦勤快，手腳俐索，這兩天她忙著洗床單窗帘，忙完家事夫妻倆又上街採買年貨。除夕前一天下午，她倆還回老家拾掇拾掇去。

除夕傍晚，香浦和娜娜婆媳倆做了豐盛的年夜飯。

媽媽回山東過春節是梓兒多年的願望，他說回老家可體驗大陸和台灣不一樣的春節，今天終於實現了。我想這或許是維經在冥冥之中所促成的，若不是為他送夾克來，我就不可能在千里之外的淄川過春節了。

大陸和台北的春節確實不一樣，這邊因生活比之前富裕，過年大肆放炮竹以示慶祝，下午遠近已陸續傳來放炮竹聲，傳達過新年的濃濃氛圍。

台北多年來環保意識抬頭，咸認放炮竹製造噪音，也汙染空氣和環境，因此二十多年來，除夕和大年初一很少聽到炮竹聲了。況且台北居民大半從中南部上來的，過春節連假全都攜家帶眷返回祖居地去，所以台北春節時段，幾乎是一座空城，非常安靜宜人。

我們一家六口圍桌歡聚一堂，舉杯互祝新年萬事如意。飯後蘊如迫不及待，要爸媽相陪下樓到廣場放炮花，與鄰居家小朋友玩得不亦樂乎！

七點賢德二兒從台北傳簡訊，說他們剛要吃年夜飯，祝賀媽媽新年萬事如意，並祝哥哥一家新年快樂，事事如意。這會蘊如放完炮花回來，我對她說老奶奶要給妳壓歲錢，梓兒立刻搬把椅子讓我坐下，蘊如即朝我跪下嗑三個頭，邊嗑頭邊說：「老奶奶新年快樂。」開心地雙手接下紅包袋。

香浦非常虔誠，過小年夜才送灶爺上天庭，除夕子夜，不知她又拜何方神祇，到樓下燒金紙。就寢前梓兒提醒我說，初一早上七點半咱全家要回鶯橋老家。

梓兒自遷居淄川區後，每年正月初一，全家都回鶯橋去向長輩拜年，是日到了老家進屋，霎時像掉入冰窖一樣寒冷。世壯孫立刻搬出電暖機插上電源，稍傾屋裡即暖如春天，環顧周遭才發現屋子裡外乾淨清爽，一塵不染，也才了解克梓倆回老家拾掇的原因。蘊如挺懂事，她把帶來的瓜子、糖果盛盤，錯開擺上茶几待客。

八點多，王家宗親攜家帶眷，一波波來拜年，有的喊我大娘，多數是喊奶奶，十點前後共來了十幾波。世壯夫妻則帶女兒去向長輩拜年；到十一點多回淄川之前，家裡總共來了六、七十人，把偌大的客廳擠得暖烘烘地，真是熱鬧極了。

回淄川後，下午樓上和樓下芳鄰也來拜年，克一姪才剛離去，克和姪全家就來拜年。過年時就屬小朋友特別高興，不但有糖吃，有炮花放，還有紅包拿。

正月初二上午十一點多，孫女莉莉夫妻帶兩兒回娘家。下午姊弟倆全家去向義父母拜年後，接著去給她二爺（克和伯父）拜年，晚餐在堂兄王信家歡聚。

初三上午莉莉提前吃午飯後返青州，長子阿哲留下，世壯夫妻攜女回岳家。我和梓兒夫妻去克和姪家吃飯，進屋先到他娘（維蘭弟妹）的臥房待了一會兒，維蘭弟妹她的年紀比我長很多，為了尊敬她，以前見面時我都稱她「老姐弟妹」，她是一八年中元節往生的，今天我來只能望著她生前的臥房緬懷憑悼她，少了一個可以談心的好妯娌，令我悵惘落寞不已……。

這個午餐我是食不知味，回憶起一五年回來，我和她在屋前的樹蔭下，促膝敘懷，兩心相契的情景，歷歷如昨……所幸唯可安慰的是，她以嵩壽九六高齡，駕返瑤池前，已享五世同堂之樂，這可不是人人得享的福報，而她得到了。

冥想中，忽聞香浦說：「下雪了。」朝窗外望去，空中果然飄起飛絮，我們即告辭返家。沿路車窗外雪花疏落飄著，這是我今生第二次（第一次是一三年穀雨在寫橋）親見的雪景，半路我們在公園下車拍照。到家後，車庫前的地面上，已積了一層薄雪。

年初四香浦回娘家，我和外曾孫阿哲一道去作客，香浦三位兄長在外面餐館備了豐盛佳餚款待，她一位嫂嫂和兩姪都參加。最後一道「八寶飯」，粘軟可口，阿哲超愛吃！

初五上午九點，梓兒開車載我、香浦、蘊如、阿哲到青州，車子爬上迂迴盤旋的山路，即在「牛角嶺」小歇一會。當車子進入青州市區，前面已大塞車，每每須等候四個綠燈後，車子才前進一些些；以致到莉莉家已過十一點半了，我們沒上樓，直接到阿哲爺爺家。

到彼一看，並不是以前我來過的公園社區，而是二十幾層的高樓。阿哲爺爺疼孫子，他上初中後，爺爺在他學校相距十分鐘路程處，另購十七樓住房。客廳的木製桌椅，古樸典雅，兩面牆上掛著國畫四君子和楷書「朱子治家格言」，充滿文化氣蘊，滿室生香，您就可想而知主人是位多麼有文化藝術涵養的雅士啦！

阿哲爺爺和奶奶，都是誠懇熱情好客之士，我們全家在彼享受可口午餐之後，他們兩位說晚上務必要回來續攤，我們即去莉莉家。出了電梯門，外面正飄著雪花呢，到了莉莉住的社區雪下得更密，我的大衣沾上片片雪花，正掏出手機要拍照留念，孫婿催說：「奶奶，外面冷，趕緊上樓吧！」

上樓後往窗外瞧，雪卻停了，懊惱沒拍到「雪沾衣」的畫面。午休後，四點我們全家又都往阿哲爺爺家去，五點世壯和娜娜也趕來。晚餐比中餐更豐富，有大明蝦、炸魚、美味羹湯和水餃等；這全是阿哲爺爺拿手的傑作，大伙吃得好痛快，連連說吃太撐啦！主人開心極了！

稍晚莉莉姊弟陪孩子去看燈光璀璨的夜景，我和梓兒夫妻住下。翌日吃過早餐，我們到青州市博物館參觀，莉莉姊弟趕來會合。午餐在莉莉家附近飯館，請我們大啖「回族大餐」。飯後世壯與姐姐兩家去逛街，克梓載我和香浦直接回淄川，費時七十分鐘安抵家門。

初八早上天氣異於往日，東邊陰乎乎地。梓兒說外面下了一點「凍雨」，而且氣象報告說西部幾個省都下雪，有往東移跡象。這裡一整天太陽都沒露臉，室內濕度高，心忖：說不定今天會下雪吧！但吃過晚飯仍無下雪迹象，我頗為失望。

七點半世壯三人回去後，我們三人在客廳看「詩詞大賽」節目，參賽者來自社會各界，有兒童、國小學生、初中高中學生，還有軍警人員，以及勞工，碩士和博士生，個個看起來是有備而來，與賽過程壯觀激烈，令人血脈賁張。

我二十多歲時讀過的詩詞，幾十年來忘得差不多了。隨著節目進行，讓遺忘久遠的詩句又從沉睡的記憶深處被喚醒。白居易的《琵琶行》我不會吟，只會用唱的，但每次唱到「座中淚下誰最多，江州司馬青衫濕」不覺喉哽眼濕，叫我唱得戚戚然；這感人的《琵琶行》乃四十多歲時的白居易，看到琵琶女色衰見棄，想自己懷才不遇，被貶謫九江的遭遇和苦悶，一時有感而發寫成的。

張若虛的《春江花月夜》也是我愛唱的長調，想像一個寂寞的詩人，他為何頻頻向蒼漠的宇宙叩問：「……江畔何人初見月，江月何年初照人。」真是千古難解。

節目主持人激動地對與賽的小朋友說，倉頡造字感動了宇宙諸神，「天欲粟，鬼神泣！」我為台上參賽吟詩者感到遺憾！他們若要認識中華端麗優美的文字，得到各地文化古蹟去尋覓，昔時詩人墨客留下的詩詞或碑文。你想想看「爱人」若無心，怎麼愛？「亲人」不見，如何親？還要吃人的「面」多恐怖啊？倉頡若看到面目全非的文字，肯定悲痛得放聲哀號！仰首問蒼天，怎麼會這樣？

節目結束，就寢前打開手機看台北的兒子，有無傳簡訊？映入眼簾的卻是世壯傳來說——「下雪囉！」我興奮得喊克梓，說外面下雪了。咱三人走到窗前掀開窗帘往外瞧，外面已是一片銀白世界啦！真是令人欣喜若狂。想維經返鄉十趟，頭一回還是回家過春節，都沒遇過下雪，在台灣土生土長的我，卻幸運地碰上瑞雪紛飛，好高興喔！

夜裡十二點我起床往窗外看，樓下路旁車頂上仿如蓋上一條厚厚的白毯，一床又一床地。二點又起身看，樹稍上和樹下草皮全白了！好巧啊，下雪之夜正是「天公誕辰」，多好記啊！

翌日早飯後，梓兒陪我下樓拍雪景，廣場上積雪約五公分，我樂得像孩童似地去踩鬆綿綿的白雪，九點多天上又飄下雪花，我在樓上用手機錄影。中午梓兒傳簡訊給兩個弟弟看雪景，他兄弟倆好羨慕媽媽，終於遇到下雪了。

過去我七趟返鄉，僅兩次是秋天後，另五次是清明節前後，這個季節當然看不到雪景。可老天爺似乎特別疼我，在元宵節前夕，祂加碼又下了一場小雪，多感恩啊！

二月二十四日，我就要回台北了，前四天，姐姐娘家兩姪來看我。粈慶外甥夫妻再度來看我，並帶來黑、白木耳相贈。端琴外甥媳診所的業務繁忙，她仍抽空來的誠意，令我感動久久。二十二日，莉莉夫妻又來看奶奶，並送上稀有的「黑枸杞」和「石斛花」茶飲，祝奶奶一路平安，晚飯後即回青州。

我每次返台北前夕，總要上演一場重頭戲——打包。

二十三日晚飯後，梓兒父子就開始打包行李，兩孫給叔叔和舅爺爺買的黑木耳，加上克和姪和粈慶甥送的，塞了滿滿一個行李箱。世壯孫夫妻裝疊時，蘊如也加入行列往箱子裡猛塞木耳，甚至把她奶奶買的「龍口粉絲」也拿來塞，看了令人忍俊不已！結果行李箱塞不下，得另用紙箱裝。

這是我這趟返鄉過年的最後一夜，香浦坐在我身邊緊握我的手，說：「媽媽，您就別回台北了，住下來，我侍候您。」這話我每次回來，她都盼我長住，我笑說，「妳忘了自己已經是六十多歲的年紀啦！照顧孫女也挺累，何苦請個老太太來侍候啊！」我不禁輕喟道：「媽媽年紀大了，往後不知還能回來看妳們否？」

梓兒聽了忙說：「媽媽您若不來，我和香浦去看您啊！」我聽了內心非常感動，真是賢孝的兒子媳婦！

二十四日凌晨四點起來，香浦已熱好半大碗鮮奶，我喝下頓感通體舒暖。世壯起早開車過來，出門前我到臥房看蘊如睡得正熟，頓感腳步沉重，和香浦、娜娜擁別後下樓，於四點五十八分啟程往濟南機場。

回鄉與家人團聚，五十天看似很長，可一晃眼已匆匆過去了。

在此期間我享受兒孫貼心的服侍，曾孫女繞膝的天倫之樂；我永遠記得梓兒細心剔除魚刺，把肉挾到我碗裡的孝心；亦不會忘記香浦賢媳每晚八點半，端熱水給媽媽泡腳的孝行，也會想念蘊如喝酸奶前，必先倒一杯給老奶奶，才為自己倒的可愛模樣⋯⋯得有這賢孝的兒孫，是祖上的福蔭，我滿懷珍惜感恩之情，感謝維經和姐姐積福給我。

今天是正月二十日，車子行駛在濛濛的公路上，我抬首望見高懸中天微缺的月亮，心有所感，還是借用蘇軾的《水調歌頭》那兩句——「但願人長久，千里共嬋娟。」─慰藉滿懷離緒吧！

七點前我們安抵濟南機場，離別在即，我和梓兒父子拍完照，擁別互道珍重，兒孫依依揮手，我頻頻回顧⋯⋯。

二〇一九年二月**淄川**起草
民國一〇八年三月**苣林觀雲望月樓**定稿

溫馨甜蜜的回憶

台北市立工農職校一甲子校慶，好像才過沒多久，一晃眼就來到七十周年校慶啦，日子過得真快！

工農前身是「台北初農」，校址在臥龍街一百號，於民國三十八年創校，四十四年設高農部，五十一年附設初中部，初農即停招。學生就讀都要經過考試錄取，本校比較特殊的是，每年暑假都要辦兩次入學考試，初中部與全台北市初中聯合招生；高農部則與大安高工合辦聯招，高商另招。

民國五十七年台北市升直轄市，欣逢政府實施延長九年國民義務教育，原校址改為「和平國民中學」。

那年我剛結婚，外子王維經是學校的教務主任，兼顧附中和高農部，教務繁忙。學校要遷移，校長吳元正與幾位主任，在虎林街巷內相中現址，市府即興建大同樓和勤業樓兩棟新校舍。九月學校喬遷新校址，同時改名為「台北市立高級工農職業學校」。那時學校周邊全是綠油油的稻田，距離市區稍遠了些，算是郊區，當時沒有公車到此，師生得坐二十七路公車在松山路下車，再步行到校；直到忠孝東路打通後，才有公車經過，校址也由虎林街改為忠孝東路五段。

我於民國六十五年四月到校服務，是編制內的工友，派至「機械製圖科」，七十三年調至「汽車修護科」，七十五年八月，吳校長與大安高工賴校長對調，我也被調至「食品加工科」去。

三年後我又調至「化工科」，當時全校其他科都是兩班學生，唯獨化工科有三班學生，我在此服務時間最長，八年後旋又調至「實習處」服務，直到九十一年七月屆齡退休。學校一甲子校慶時，我已退休七年，有幸受邀寫一篇〈小人物話工農〉短文共襄盛舉。

日前賢兒（學校美術老師）傳簡訊來，說學校一位老師希望我為學校七十周年校慶，寫一篇文章充實校刊，令我惶恐不安。因為我已退休十七年啦，對學校當前有關概況，全然無所悉，不知要如何寫才恰當？為了這我煩惱不已！

八十三年學校四十五周年校慶時，受詹瑞鳳老師之邀，曾寫過一篇《工農歲月長》的祝賀文，文內詳述學校歷年來增設及廢除科別的來龍去脈，以及校內各種實施，和各屆學生參加全國技能競賽屢得佳績的盛況；也清楚交待我在校輪調各科的情形，不過現在回想，顯得有些瑣碎。

今次就略述我在校與學生互動的情形吧！

六十五年我在「機械製圖科」服務，一天我正操作刻版機，張幸瑜同學和另三位，吵吵嚷嚷來找我。張幸瑜寫一個「狙」字，問我怎麼唸，我說「ㄐㄩ」啊，他聽了高興向同學說：「你看，我對了嘛，是狙擊，不是阻擊。」

六十七年三月，學生湯錫添在教室走廊，手舉相機說要為我拍照，他拍了黑白的全身照，洗成六吋大的相片，並在相片背面工整寫上「諄聲切如珍，歡笑福滿堂。」的祝詞，送給我留念，令我非常感動，四十年了，我珍藏至今。

我在汽車科時，一位優秀的學生辦校刊，找我寫篇文章，我不知要如何寫，問他登過的可以嗎？他說只要是老師寫的都好，我便找一篇在報上登過的〈滿山梔子黃〉給他，他如獲至寶雙手接過，向我鞠躬道謝。

在加工科時，一天看學生切薑片直切，我提醒說薑的纖維緊密，必須斜切才能切斷，同時告訴她切肉要逆絲切，才脆嫩可口，順絲切肉會柴柴不好吃。她聽了開心說，謝謝老師教我這一手。

一位功課很好的男學生，在科裡見不平事跟我說，他把感受反應在週記上，沒人理睬，他想直接向校長報告……我勸他千萬不可，說不平之事，早晚會被發現，你是高三生，就快要畢業了，切勿莽撞，為了這眾人不關注的事，而影響你的學業和前途。

幾天之後，這位學生跟我表示，說他想通了，就當沒看見吧！畢業時，他為感謝我的規勸和勉勵，送我一支眉筆。

加工科高三學生的畢業考，是八人一組，自由發揮創意的中西兩式佳餚，中午老師來品嘗評分。桌上置一盆加入水果粒的雞尾酒，學生拿紙杯給我盛，我用長柄杓在紫紅色的酒裡面撈了幾下，學生好奇問：「老師，您要撈什麼？」我說這不是「雞尾酒」嗎？怎麼裡面沒有雞尾啊！幾位女學生聽了，笑作一團，說：「老師，妳真幽默！」

我調到化工科後，連續兩年，加工科的學生，她們精心烘焙的西點，老師打完分數後，就拿來給我分享，我好感動。

化工科高三學生參加升學考試，錄取率還蠻高，當捷報傳來，學弟妹們立即書寫賀喜的大海報，要張貼在化工科大門上。當他們興高采烈拿下樓時，我走過去看了一下，我說你們先別急著拿去貼，這上面有個錯字，先改好再貼。

幾位同學愣了一下，從上往下看一遍說：「老師，沒有錯字啊！」我指正說「金榜題名」不是用手「提」的，而是用筆「題」名才對，瞧他們一陣錯愕之後，瞬間領會，同時「喔」了一聲說：「好險哪！差一點出糗！」並齊聲向我說謝謝，他們馬上改過來。

謝嘉佳是位聰慧又用功的班長，長得端正漂亮，成熟懂事，她常藉來領取化工儀器時，把我當做知己，向我傾吐少女的心事。她畢業後沒有升學，直接到日本投靠叔父，連續三年教師節，她都寄賀卡給我，用有限的空間述及，她在異國打工讀書不易的艱辛，和寄人籬下的孤寂和心酸，展讀之下不禁戚戚然。我回信囑咐她要堅忍持恆，才不枉遠赴東京走一遭的初衷。

我調到實習處後，一位退役的學生回化工科看老師，問：「劉小姐呢？」老師告訴他我調到實習處了。他得知後立刻到篤行樓來看我，真是感動啊！一位女職員在他告辭後，很羨慕說：「妳不是老師，學生畢業五年還來看妳，真好！」

我雖然不是老師，但我隨時注意學生的言行，時時鼓勵他們要把握寶貴的光陰，好好學習，珍惜國家的教育資源，和父母栽培的苦心，盡工農一份子的職責。

民國一〇八年青年節

香遠翦影

蝶戀花，緬懷王維經先生

蒲先和

風急雲飄何處去？北望家山，萬里路迢迢。
欲破愁城誰與訴？秋窗冷月淚如雨。
幸有佳人為伴侶，舉案齊眉，且把天倫敘。
忽報鴻溝今可渡，歸根落葉歸鄉土。

談劉玖香大作感懷

蒲先和

劉氏有才女，著書情若痴。
胸襟寬似海，筆調細如絲。

隔葉聽鶯燕，捧杯閲史詩。
陰晴隨字句，不覺夜遲遲。

致王克梓先生

蒲先和

天晴雨霽沐春風，合掌躬身謝鄧公。
一片孝心誰省得，相逢母子樂融融。

二〇一九年元月十九日作於淄川

詩人簡介：

蒲先和（男）一九四二年生，淄博淄川區人。般陽蒲氏二十二世孫。物理教師，一九九九年調教研室，任物理研究員，二〇〇二年退休。著有《鄉俗瑣憶》、《般陽俚曲》、《聊齋瑣議》、點校「道光」《濟南府志》、《淄川縣志匯編》、編輯《淄博歷代詩選》、《淄博當代詩選》。現為中華詩詞學會會員，淄博市蒲學研究會會員；淄川詩詞學會副會長兼秘書長。

浣溪沙，王維經先生身世感懷

一去悠悠五十秋，隔空遙望淚雙流。
歸來慈母入荒丘。
幸有賢妻兩相護，兒孫雍睦孝歌謳。
人間大幸晚來酬。

趙玉霞

浣溪沙，讚劉玖香女史

美貌多才曉大倫，聰明勤勉志堅貞。
孝親撫幼佐夫君。
若讀贏來蛺蝶變，煌煌大作荐嘉賓。
女中之杰令人欽。

趙玉霞

浣溪沙，咏王克梓夫婦

趙玉霞

孝道綿延多少春？床前數載孝慈親。
終迎老父返家門。
賢母南來仍盡孝，融融兩岸一家人。
弟兄和睦福無垠。

二〇一九年元月十九日作於淄川

詩人簡介：

趙玉霞（女）一九四七年生。高級講師退休。現為中華詩詞學會會員。淄博市蒲松齡研究會理事，市作協辦員。

出版賞析性散文集《聊齋女兒譜》、《聊齋故事》、《般陽詩詞集》、《古漢語修辭新編》、《侯朝宗文選》、《二十六史精粹今譯》、《二十六史精粹今譯讀編》、《齊文化叢書》、《濟南府志》、《淄川縣志匯編》、《般陽文賦》、《淄川詩詞》、《新中國淄川大事輯》、《心中的牛國泰》等多部著作。

其中《侯朝宗文選》與《教育發展論》榮獲淄博市社會科學成果一等獎。

瀚賢編繪漫畫圖一（小六上）

瀚賢編繪漫畫圖二（小六上）

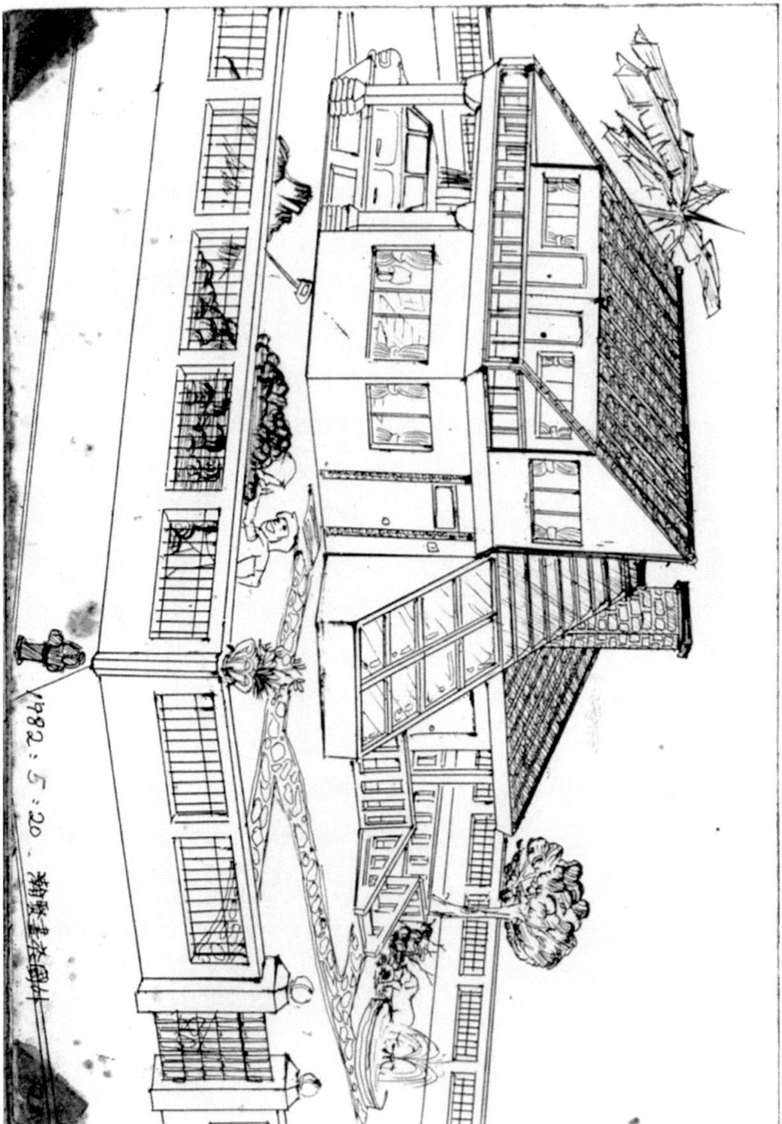

瀚賢心中「理想的別墅」設計圖（小六下）

民國 72 年(1983) 瀚賢設計奧林匹克運動會海報(國中一下)

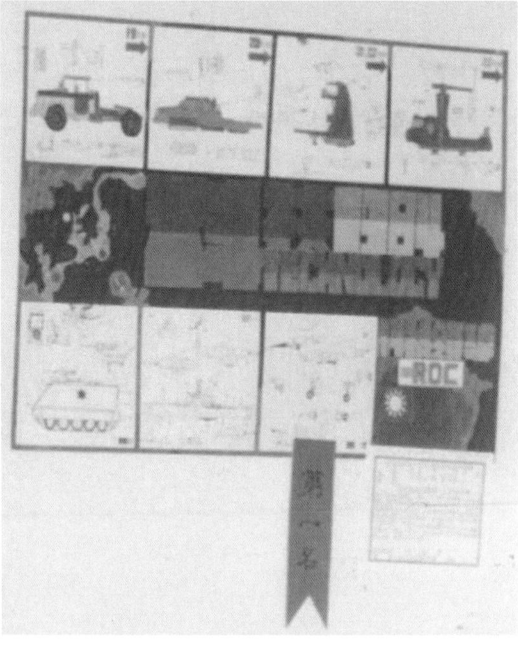

民國 73 年(1984)3 月，瀚賢參加全國第一屆「科學想像畫」獲得第一名。

西涼詞

唐・王翰

葡萄美酒夜光杯欲
飲琵琶馬上催醉臥
沙場君莫笑古來征
戰幾人回

台北市私立復興國民小學
六年級　王瀚德

王爾德《不可兒戲》話劇中，亞吉能（左）王瀚德飾。

王爾德《不可兒戲》話劇中，亞吉能（右）王瀚德飾。

薪火傳承

芎林榮耀

姓　　名：劉玖香

畢業年度：光復後第9屆

現　　職：正在旅途中，坐下歇腳，欣賞彩霞滿天的---夕陽。

學經歷及傑出事蹟：

◎民國四十三年，芎林國民小學畢業。

◎民國七十八年，台北市南港國中補校畢業。

◎國小畢業後，隨父母兄姐上山落田工作。

◎台元紡織工廠女工。

◎台北餐館服務生。

◎家庭幫傭。

◎台北高職學校工友。

事蹟：民國九十年文林閣重建，撰白玉九龍壁前橫額---〈文祠翰墨傳香遠〉江蘇崇明黃士馨書。

著作散文：《白雲悠悠思父親》

《否極福來》

《紙寮窩紀事》

《堅忍修得一世緣》

編整：《王維經九十自述》

給學生的一句話：

◎「己所不欲，勿施於人」自己不喜歡的事，勿加諸別人身上。

◎擇己所愛，確定方向，勇往直前，持之以恒，他日必有所成。

◎在家盡孝，作事盡責。勿因惡小而為之，勿因善小而不為。學習喜捨，行善積德，必得福報。

061

作者獲「芎林國小」傑出校友之簡歷

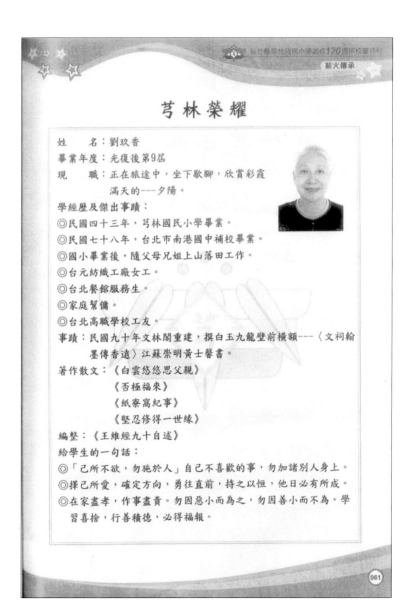

爺爺因有大學的學歷，而且英文很好，所以被邀請到省立高中教英文。
民國五十二年轉任台北高工學校擔任教務主任，之後在師範大學夜間部，兼任英文老師
我的爺爺很帥，為人忠厚老實性情溫和，小朋友見了他，都會伸手要他抱抱，他也很喜歡小孩。但是，他一心想回家鄉與母親團聚，所以，一直沒有結婚。
民國五十五年，大陸文化大革命爺爺想回家的心願更難實現。想到常人說的「沒有子女，就是大不孝」的話，爺爺這才考慮到該結婚了。

爺爺心ㄗㄤˋ不好，提早ㄊㄨㄟˋ休。奶奶在學校的ㄉㄧˋ位很低，ㄒㄧㄣ水很少。奶奶白天上班很忙，為了ㄕㄥˇㄑㄧㄢˊ自己做衣服、ㄉㄚˇ毛衣、做ㄌㄧㄥˊ食。一有空就寫文章投ㄍㄠˇ。爸爸結婚前奶奶出了一本「白雲ㄈㄟ ㄈㄟ思父親」的書，很多人讀了，感動落淚。

我出生前三個月，奶奶正式退休，照ㄍㄨˋ哥哥，後來，爸媽買了一間老公ㄩˋ，請爺爺奶奶同住，照ㄍㄨˋ我和哥哥。

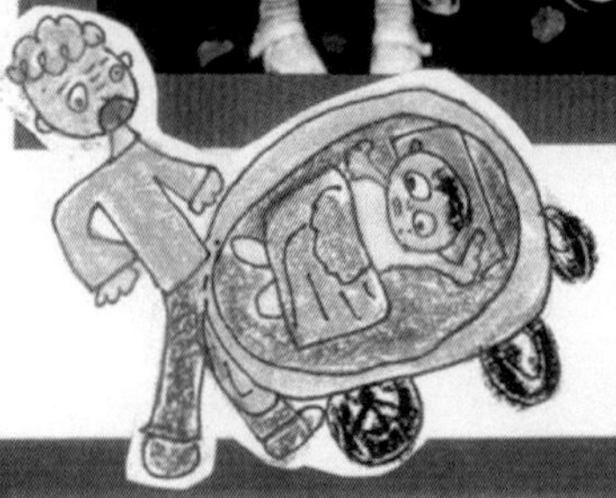

奶奶忙家父，照顧爺爺和我兄妹，不忘寫文章，在九十六年又出一本「否出福來」。

之前，爺爺常去中正紀念堂散步，還教我兄妹英文。他已九十一歲了，走力很差，兩年來都不下樓了，我很想念爺爺奶奶帶我們出去散步的日子。我和哥哥上學去時，奶奶在家陪爺爺，一有空就寫文章，年前又出了第三本書「紙鳶邑紀事」。

家裡因為有奶奶全心照顧，陽台和五樓的
花盆，四時有花開如：桂花、仙丹、海
棠、茶花、含笑花、九重
還有一盆
的球花，深色的香花……等。我的同學
都說我家像花園。
我希望爺爺奶奶的身體像美麗的花木一
樣，永遠欣欣向榮的。

後記

《親情》於去年十一月即已校稿完畢，準備拿到出版社排版，年底付梓。我原本預計於一〇八年清明節返鄉掃墓時，把維經託夢要的衣物帶回火化給他；繼而想趕在臘月初七他忌日那天，到他墳上祭拜時火化比較合適，因此把出書之事暫時停下來，我乃於元月六日（臘月初一）搭機返山東。

豈知，這一切都是冥冥之中的定數，我因掃墓之行，特別留在淄川與兒孫家人，歡聚過農曆新年，也因此得識淄川的蒲先和、趙玉霞兩位老師，真是三生有幸啊！

先前經兩孫莉莉和世壯姊弟的義父——盧俊德先生，把拙作拿給兩位熱愛寫作的老師分享。我樸實的寫作風格，獲得兩位先進的共鳴，他們說我若回淄川，很期待能與我見上一面。就那麼巧，我適時返山東掃墓，承盧先生熱忱引介，我們終於見面，歡敘一堂，真是人生一大樂事！

兩位老師與維經素不相識，只因讀了我書中描述及《王維經九十自述》傳記，而對維經和姐姐（夫婿髮妻）肅然起敬。為感念他夫妻倆的堅貞意志與高潔的情操，以及孝心懿德，特地為他倆寫下溫厚貼切，感人心弦的詩篇，讓我讀來感慨萬千，淚流滿面，不能自已。心想維經和姐姐何其有幸，他倆的行誼感動了詩人胸懷，得蒙以濃濃詩意表達崇高的敬意。

維經和姐姐生前，不識兩位詩人，但可肯定他（她）們前世早結了善因緣，雖未曾謀面，卻以誠摯的詩作歌頌，這令人讚嘆的奇緣；再經盧先生渾厚遒勁，力透紙背的書法，一氣呵成，可說「詩與字」相得益彰，值得後世朗誦珍藏的「傳家之寶」。

在淄川我即起草記述與詩人相遇的〈有緣千里喜相逢〉，返台後完成〈親情續記〉，把這兩篇文稿放入《親情》一書內，更特別把兩位老師的詩篇放在「香遠翦影」中，永誌懷念，這就是「冥冥之中」上蒼完美的安排吧！

《親情》得以順利付梓，非常感恩廖松根兄情義相挺，為我寫序。再來感謝賢兒在寒假加緊腳步，掃描相片，這些家族與親戚相聚的珍貴畫面，非常有意義，值得懷念。我因年老眼力差，書寫時常漏字，或少了逗點、句點等符號，幸有德兒耐心細心，幫忙校對。完成一本書，實非一己之力能臻至完美，在此感謝兩兒幫忙老媽之孝心。

我返台北後，梓兒在微信上說曾孫女小蘊如一覺醒來，得知老奶奶已搭飛機回台灣，傷心地舉臂拭淚，哭著跟她奶奶說：「我不想讓老奶奶走啊！」看著手機裡傳來的照片，我的心揪成一團，既難過又感欣慰，這就是可貴的「親情」啊！

民國一〇八年（二〇一九）四月於

莒林 觀雲望月樓